Reinert Hanswille
Liebe und Sexualität

Reinert Hanswille

Liebe und Sexualität

Ein Buch für junge Menschen

Kösel

Lektorat: Josef K. Pöllath

3. Auflage 1990

Gesamtherstellung: Kösel, Kempten
Umschlag: Günther Oberhauser, München
unter Verwendung eines Fotos von Rudolf Dietrich, München
ISBN 3-466-36252-0

Inhalt

Vorspiel

Die meisten von uns, ob Mann oder Frau, ob 13 oder 20, ob erwachsen, ob Vater oder Mutter, schüchtern oder Draufgänger, erfahren oder unerfahren, können über Sexualität, Intimität und Liebe noch viel lernen. Immer bist du dabei, neue Erfahrungen zu machen, dich neu zu erleben, dich weiterzuentwickeln. Wir sind morgen nicht die von heute. Jeder von uns ist in den Fragen von Liebe und Sexualität für sich Fachfrau oder Fachmann. Denn wer anders als ich selbst weiß besser, wie ich mich im Moment fühle, wie es mir geht, was mir Spaß macht, wozu ich Lust habe, was ich nicht will, was mir guttut etc. Auf diese Fragen kann nur ich für mich Antwort geben und nur ich für mich einen Weg finden. Eigentlich bin ich nicht auf irgendeinen schlauen Rat angewiesen. Doch in vielen Situationen hilft es, von den Erfahrungen anderer zu lernen und über einiges, was mit mir geschieht, Bescheid zu wissen.

Als ich das Buch schrieb, versuchte ich mir vorzustellen, daß mir jemand gegenüber sitzt, dem ich das alles erzähle. Darum habe ich auch die direkte Anrede gewählt und sage in der Regel »du« und »dich«. Wo die *Beziehung* im Vordergrund steht, sage ich »ihr« oder »euch«.

Ich möchte dir einiges erzählen, was ich mit Jugendlichen erlebt habe, welche Fragen sie hatten, wo sie Probleme für sich sahen, wo ihnen Informationen fehlten. Ich glaube, daß es vielen Jugendlichen so geht: sie finden keine Gesprächspartner, haben Hemmungen, mit ihren Eltern darüber zu reden, und auch im Freundeskreis ist es vielfach schwer. Und wenn doch ein Gespräch gelingt, dann machst du vielleicht die Erfahrung, daß euch zu einigen Fragen die nötigen Informationen fehlen. Vielleicht ist in diesem Buch auch für dich einiges Neues dabei, eine Antwort auf eine gestellte oder noch nicht gestellte Frage, eine neue Information oder ein »Aha«-Erlebnis, daß

es anderen Jugendlichen ähnlich geht wie dir, daß sie ähnliche Probleme haben.
In dem Alter, in dem die meisten Leser dieses Buches wohl sind, geschehen eine Menge Veränderungen. Sie sind sowohl körperlicher wie seelischer Art. Viele Erfahrungen, die du machst und an dir bemerkst, sind für dich neu, geschehen zum ersten Mal, und sie werden im Laufe deines Lebens immer wiederkehren. Die Erfahrung der ersten Freundschaft, des ersten Kusses, erste Verabredungen, der erste Job, die erste Menstruation, der erste Samenerguß, die körperlichen Veränderungen, die du an dir wahrnimmst und vieles mehr: um diese Erfahrungen und Entwicklungen soll es in diesem Buch gehen. Dabei ist es mir wichtig, daß du die geschilderten Erfahrungen und Gefühle nicht als Norm verstehst. Jeder von uns hat sein eigenes Tempo, seine eigenen Möglichkeiten, Erfahrungen zu machen. Laß dich darum nicht drängeln oder zwingen, ganz bestimmte Gefühle haben zu müssen, nur weil sie hier beschrieben sind. Wenn hier in dem Buch über Gefühle und Erfahrungen geschrieben wird und du diese nicht kennst, so bist du deswegen noch lange nicht »unnormal«. Wenn du etwas für falsch hältst oder wenn dir etwas unangenehm ist, was hier beschrieben ist, so ist dies auch okay. Von Bedeutung für dich ist, daß du dein eigenes Tempo findest und du zu dem, wie du lebst, stehen kannst. Es gibt kein Muß, wann du welche Gefühle haben mußt oder nicht, sondern wichtig ist, daß du zu deinen Gefühlen und deinem Lebensstil stehen kannst.
Als ich anfing, dieses Buch zu schreiben, merkte ich, wie schwierig es ist, die richtige Sprache, die richtigen Ausdrücke zu finden. In gewisser Weise hatte ich Übersetzungsprobleme. Für ein Buch ist es wichtig, zu einer Sprache zu finden, die alle verstehen.
Jeder von uns aber wird mit einigen Wörtern anderes verbinden. So habe ich mich gefragt: sage ich nun *Koitus* oder *Geschlechtsverkehr*. Beides sind harte oder eher hölzerne Begriffe. Koitus erinnert mich an Arzt und Krankheit, Geschlechtsverkehr an Straßenverkehr oder gar Zusammenstoß. Beide Wörter sind viel zu hart für eine so schöne Sache, um die es hier geht. Oder sage ich *Sex machen*? Mich erinnert dieser Begriff mehr an die Herstellung oder Produktion von irgend-

welchen Materialien als daran, daß es dabei um Liebe geht. Oder sage ich *miteinander schlafen*? Das klingt zwar schon besser, aber um Schlafen geht es dabei ja nun wirklich nicht, sondern eher um *miteinander wach* sein. *Sich lieben* hört sich auch schon ganz gut an, obwohl Liebe sicherlich mehr ist als die geschlechtliche Vereinigung. Andere sagen vielleicht *ficken, vögeln, bumsen, rammeln,* aber diese Begriffe klingen für mich brutal und abwertend. Wie wir diese Begriffe verstehen, ist abhängig davon, wie wir das Wort kennengelernt haben, in welcher Situation wir mit ihm bekannt wurden. Mein Anliegen ist, daß du dich von meiner Sprache, die ich verwende, nicht überfahren läßt oder gleich in eine Abwehrhaltung gehst. Suche deine eigene Sprache und übersetze die Begriffe entsprechend. Schreibe deine Bezeichnungen über die meinen und dann wird manches für dich sicher schon annehmbarer und besser lesbar sein.

Auch werde ich immer wieder Fremdwörter gebrauchen, in den meisten Fällen stammen diese aus dem medizinischen Bereich. Ich habe versucht, sie im Text so zu verwenden, daß deutlich wird, was sie bezeichnen. Wenn das nicht der Fall ist, habe ich in Klammern oder kursiv geschrieben, was sie bedeuten, oder die Fremdwörter stehen in Klammern oder kursiv. Ich hoffe, daß dich die Fremdwörter nicht zu sehr abschrecken. Aber ich glaube, daß es wichtig ist, daß du einige medizinische Fachausdrücke kennst. Zum einen, damit du, wenn sie verwendet werden, Bescheid weißt, was damit gemeint ist oder daß du z. B. beim Frauenarzt weißt, wovon er redet und er dich nicht für dumm verkaufen kann. Darum noch einmal die Bitte, laß dich durch die Fremdwörter nicht schockieren und davon abhalten, weiter zu lesen.

Am Ende des Buches findest du ein *Lexikon,* in dem die wichtigsten Begriffe nochmals erklärt sind.

In einigen Kapiteln findest du Anregungen, das Gelesene in die Praxis umzusetzen. Du solltest diese nur dann aufgreifen, wenn du oder ihr wirklich Lust dazu habt. Wenn du sie mit deinem Partner machst, nutze die Möglichkeit, im Anschluß daran gemeinsam über eure Erfahrungen zu sprechen. Dann können die Vorschläge zu einer Bereicherung für eure Beziehung werden.

Wenn dir etwas an dem Buch nicht gefällt, wenn du etwas nicht versteht, wenn du bestimmte Fragen oder Probleme im Buch vermißt oder wenn du persönliche Probleme hast, kannst du mir das gerne schreiben. Natürlich auch dann, wenn dir das Buch gefällt. Ich werde versuchen, dir zu antworten, wenn du einen frankierten Briefumschlag mit deiner Adresse beilegst. Meine Adresse ist: *Reinert Hanswille, Stormstr. 26, 4048 Grevenbroich 5.*
Nun wünsche ich dir viel Freude beim Lesen. Ich hoffe, du findest einige Anregungen, Anstöße und Hilfen, aber auch Abschnitte, über die du dich aufregst und mit dem Kopf schüttelst.

Grevenbroich, im März 1986

1 Deine Beziehung zu dir, deinen Eltern und deinen Freunden verändert sich: die Pubertät

Du veränderst dich

Pubertät, das ist wirklich ein komisches Wort. Irgendwie erinnert es mich eher an eine Krankheit als an einen Lebensabschnitt, der für dich sehr entscheidend ist. Vielen wird es ähnlich gehen, und sie werden dieses Wort nicht gerne gebrauchen und statt dessen lieber sagen: »Ich bin erwachsen« oder »Ich bin kein Kind mehr« oder anderes. Diese Zeit, die irgendwo zwischen zehn und siebzehn Jahren liegt, bringt für dich eine Menge an Veränderungen mit sich. Am Ende dieser Zeit sagt man dann: »Du bist erwachsen!«
Wenn Erwachsene gefragt werden, an was sie sich erinnern, wenn sie an ihre Jugendzeit denken, dann haben die meisten von ihnen eher gemischte Gefühle, obwohl dies gar nicht notwendig ist. Denn die Pubertät ist eine Lebensphase, die für jeden sehr wichtig ist und in der viele positive Erfahrungen gemacht werden. Aber vielen Menschen fallen dann Pickelgesichter, albernes Kichern, körperliche Ungeschicklichkeit und verwirrende Gefühle ein. Damals, so sagen sie dann, waren wir noch dumm und naiv, unreif und ungläubig. Heute, so meinen viele zumindest, wissen sie, wo der Hase langläuft und was der Ernst des Lebens ist. Du kennst diese Sprüche ja sicherlich zur Genüge.
In der Pubertät machst du viele Erfahrungen, einige sind für dich neu: die erste Menstruation, der erste Samenerguß, die erste Liebe, der erste Kuß, der erste Geschlechtsverkehr, der erste Job etc. Viele Erfahrungen werden sich im Laufe deines Lebens in ähnlicher Weise noch oft wiederholen, aber »das erste Mal« ist etwas Besonderes.

Diese Erfahrungen und die Veränderungen, die du an deinem Körper bemerkst, bringen eine Reihe neuer Gefühle und Stimmungen mit sich, die, weil sie für dich noch unbekannt sind, dich leicht verunsichern können.

Sie sind Teile einer Erfahrungskette vom Kind zum Jugendlichen und vom Jugendlichen zum Erwachsenen. Es ist dabei nicht festgelegt, wann was und wie was passieren wird oder muß. Bei dem einen stellen sich die körperlichen Entwicklungserscheinungen relativ früh ein, beim andern später. Der eine hat schon sehr früh eine freundschaftliche Beziehung, dem anderen fehlt diese Erfahrung noch und er wird erst später eine feste Freundschaft eingehen. Wichtig ist: alle Menschen sind verschieden, sie machen zwar ähnliche Erfahrungen, aber nicht zur gleichen Zeit. Sicher kennst du das Gefühl, wenn du mit Freundinnen oder Freunden sprichst und diese über ihre Erfahrungen sprechen und du, der du im gleichen Alter bist, solche Erfahrungen noch nicht gemacht hast. Dann stellen sich für dich Fragen wie: »Ist das so normal?«, »Muß ich diese Erfahrung auch schon längst gemacht haben?«, »Bin ich noch normal?«, »Bin ich krank?«

Du solltest immer an folgendes denken: Die Menschen sind nicht gleich, Körper verändern sich verschieden schnell. Zu unterschiedlichen Zeiten in unserem Leben sind intime und sexuelle Gefühle stärker oder schwächer. Es gibt keine Regel, wann welche Erfahrungen gemacht und wann welche Gefühle wie stark sein müssen.

Wichtig ist, daß du dich in deinem Körper zu Hause fühlst und deine Gefühle verstehen und akzeptieren lernst, daß du zu dir ja sagen kannst, so wie du mit deinen Erfahrungen, mit deinem Körper bist.

Die Pubertät bringt auch eine Vielfalt an Eindrücken mit sich, die dich ganz beanspruchen. Mit dem Beginn der Pubertät, das ist der Beginn der Geschlechtsreife, die Ausbildung der sekundären Geschlechtsmale sowie der Beginn der Samen- (Pollution) bzw. der Eiproduktion (Menstruation), stellen sich für dich eine Reihe von Problemen ein. Du bist darauf angewiesen, diese Probleme zu lösen. Dabei verunsichert dich nicht nur die Neuheit dieser Fragen und

Probleme, sondern auch, daß du auf einmal nicht mehr als Kind, sondern als Erwachsener angesehen wirst. Auch wenn du das vielfach im Umgang mit deinen Eltern, in der Schule oder am Arbeitsplatz nicht so erfährst. Ein Mädchen muß lernen, mit der Erfahrung umzugehen, daß sie von Männern auf einmal als Frau gesehen wird, hinter der man herpfeift und die von Jungen in allen möglichen Situationen »angemacht« wird. Der Junge spürt, daß er von Mädchen nicht mehr als Kind gesehen wird, sondern als junger Mann, als eventueller Sexualpartner angeschwärmt wird. Das ist zwar etwas klischeehaft, aber die Erfahrungen werden sicherlich viele von euch schon gemacht haben. In deinen Freundschaften erfährst du, daß zusehends sexuelle Gefühle spürbar werden. Der Wunsch nach gegenseitiger Berührung, und die Möglichkeit, sich mit dem Körper zu sagen und zu zeigen, daß ihr euch gernhabt, all das löst bei dir oft eine Vielfalt von Reaktionen aus. Die Erfahrungen gehen dir gleichsam »unter die Haut«. Du erlebst ganz neue Dimensionen an dir. Die Erfahrung des ersten Schwärmens und Verliebtseins, die Tagträume, das In-Gedanken-abwesend-Sein, die Sehnsucht, den »Auserwählten« oder die »Auserwählte« zu sehen und ihm bzw. ihr nahe zu sein, das starke Herzklopfen, die feuchten Hände sind Empfindungen, die du zulassen und bejahen solltest. Diese neuen Gefühle haben das Verhalten von jungen Menschen schon immer geprägt. Zwar sah die Entwicklung und das Verhalten in der Zeit, als deine Eltern noch Jugendliche waren, manchmal noch etwas anders aus als heute, aber auch damals war diese Phase aufregend, interessant und mit vielen nicht gekannten Gefühlen verbunden. Selbst Erwachsene erleben, daß Liebe, Verliebtsein, Sexualität und Intimität etwas Aufregendes sind. Auch sie machen die Erfahrung des starken Herzklopfens, der feuchten Hände, der Nervosität und der Tagträumereien usw.

In unserer Gesellschaft gilt es jedoch als chic, »cool« zu bleiben, auch in Freundschafts- und Liebesbeziehungen. Leider übernehmen das auch viele Jugendliche. Dadurch wird der Alltag aber kälter und trister. Bring also mehr Farbe in deinen Alltag und steh zu deinen Gefühlen! Sei dir treu!

Die Pubertät ist eine Zeit, in der du viele Veränderungen in und an deinem Körper wahrnimmst. Du hast dabei die unterschiedlichsten Gefühle. Der eine fühlt sich in dieser Zeit voller Energie, der andere möchte am liebsten nur herumhängen oder viel schlafen. Andere bemerken an sich, wie schnell und unkontrollierbar sich die Stimmungen ändern, sind gerne mit sich alleine, ziehen sich zurück oder werden zeitweise zu »Eigenbrötlern«.

Für diese Veränderungen, die du an dir wahrnimmst, gibt es Gründe. Wenn dein Körper ein ganz bestimmtes Wachstumsstadium erreicht hat, dann gibt ein Teil deines Gehirns deinen Geschlechtsdrüsen – das sind die Eierstöcke beim Mädchen und die Hoden beim Jungen – das Signal, in Aktion zu treten. Eierstöcke und Hoden beeinflussen dann andere Teile deines Körpers, so daß diese zu wachsen beginnen. Die Hormone geben dazu diese Befehle. Es gibt viele unterschiedliche Hormone in deinem Körper. *Testosteron,* das Hormon, das besonders für den männlichen Körper wichtig ist, wird in den Hoden produziert. *Östrogen* und *Progesteron* sind besonders für den weiblichen Körper wichtig; sie bilden sich in den Eierstöcken. Diese drei Hormone sind die Hauptursachen für die meisten körperlichen Veränderungen während der Pubertät. Durch sie wachsen Körperhaare, Schambehaarung, Busen, beginnt die Menstruation, durch sie bekommst du Pickel oder kommst in den Stimmbruch. Diese Veränderungen zeigen dir an, daß du »geschlechtsreif« bist. Die Zeit, in der du diese Veränderungen an dir wahrnimmst, bringt es oft mit sich, daß du mit dir und deinem Körper unzufrieden bist oder daß du das Gefühl hast, daß dir noch etwas fehlt, was andere Jugendliche in deinem Alter bereits an sich entdeckt haben. Viele Veränderungen, die du an dir wahrnimmst, sind sexueller Art. Deine sexuellen Gefühle werden intensiver und häufiger.

Innerhalb weniger Jahre verändert sich an und in dir eine Menge: Beim männlichen Körper fangen diese Veränderungen in der Pubertät mit der Vergrößerung der Hoden und des Gliedes sowie mit dem Wachsen der Schamhaare an. Diese Entwicklungen deuten darauf hin, daß der körperliche Reifeprozeß einem Abschluß entgegensteuert. Zu diesem Zeitpunkt kann auch der erste Samenerguß erfolgen, wenn du träumst, phantasierst, masturbierst oder wenn du dich mit deinem Partner sexuell erregst.

Während der Pubertät wächst dein Körper rasch zu der endgültigen Größe heran. Deine Schultern werden breiter als die Hüften, der Brustumfang nimmt zu, die Muskeln an Armen, Beinen und Schultern werden stärker und deutlicher sichtbar. Die Schambehaarung wird dichter, sie bildet dann nach und nach ein Dreieck, dessen Spitze auf den Nabel zeigt. In der Achselhöhle und bei manchen Männern auf der Brust, beginnen Haare zu wachsen. Männer sind im allgemeinen stärker behaart als Frauen. Am deutlichsten ist das bei der Gesichtsbehaarung. Gleichzeitig mit dem Wachsen der Geschlechtsorgane vergrößert sich beim Mann auch der Kehlkopf, und du kommst oder bist bereits im »Stimmbruch«. Deine Haut wird fettiger, du bekommst vielleicht Pickel auf Gesicht, Hals oder Rücken; du schwitzt mehr, weil deine Schweißdrüsen verstärkt anfangen zu arbeiten.
Beim weiblichen Körper verlaufen die Veränderungen während der Pubertät in folgender Reihenfolge: Zunächst vergrößern sich die Brüste. Dann zeigen sich um deine Schamlippen die ersten Haare, die zunächst glatt und später kraus sind. Die Schambehaarung bildet ein Dreieck, das nach unten zeigt. Später wachsen dann auch in den Achselhöhlen Haare. Gleichzeitig vollzieht sich das abschließende Körperwachstum. Deine Hüften werden breiter als die Schultern. Fettgewebe um Brüste, Schultern, Hüften und am Gesäß geben dem weiblichen Körper ein rundes Aussehen. Die erste Menstruation ist ein wichtiger Punkt im Reifungsprozeß. Die Menstruationszyklen sind zunächst unregelmäßig. Brüste haben am Ende der Pubertät ihre typische Form erreicht und stellen das auffälligste sekundäre weibliche Geschlechtsmerkmal dar. In dieser Zeit verändert sich auch dein Körpergewicht. In deinem Körper werden Gebärmutter und Scheide größer. Vielleicht bekommst du Pickel, und deine Haut wird fettiger. Deine sexuellen Gefühle werden ausgeprägter, und wahrscheinlich wirst du jetzt mehr schwitzen.
Normalerweise kommen Mädchen ein Jahr früher als Jungen in die Pubertät. Das liegt beim Mädchen zwischen elf und dreizehn, beim Jungen etwa zwischen zwölf und vierzehn Jahren. Aber sie kann ebensogut bereits mit neun oder zehn oder auch erst mit sechszehn Jahren beginnen.

Die Einstellung unserer Gesellschaft zu diesem Lebensabschnitt ist sehr zwiespältig. Einerseits erwartet die Erwachsenen-Gesellschaft, daß Jugendliche keine sexuellen Gefühle zu haben hätten, andererseits ermutigt sie Jugendliche, ihr Geld für Kleider, Make-up, Zeitschriften etc. auszugeben; alles Dinge, die Jugendliche nicht zum Kind, sondern sexuell attraktiver machen sollen.
Die körperlichen Gefühle sind natürlich nur eine Veränderung unter vielen, die du in der Pubertät an dir feststellst. Die Stimmungen schwanken zwischen »hoch« und »tief«, zwischen »himmelhoch jauchzend und zu Tode betrübt«. An einem Tag könntest du alle Menschen in den Arm nehmen, am andern gehen dir alle auf den Geist. Diese Gefühls- und Stimmungsschwankungen machen dich selbst unzufrieden und manchmal auch denjenigen das Leben schwer, die mit dir zu tun haben.
Dann sind Konflikte unvermeidbar. Dazu kommt, daß du vielleicht den Eindruck hast, es niemandem recht machen zu können. Was du auch immer tust, es ist falsch, und du scheinst überall anzuecken.
Färbst du dir die Haare rot, blau oder grün, steckst du dir einen Ohrring an oder eine Nadel durch die Nase, so heißt es, du seiest ein Punk, und deine Eltern schämen sich für dich zu Tode.
Sitzt du lederbekleidet auf einem Motorrad oder Moped und braust durch die Gegend, dann nennen sie dich einen Rocker und haben Angst vor dir, als wärst du der Teufel in Person.
Bist du super proper und stinkfein parfümiert, modisch frisiert, nach der neuesten Mode gekleidet und gibst viel Geld für dein Äußeres aus, dann heißt man dich einen Popper, und auch das ist nicht richtig. Denn dann gehts dir viel zu gut und du lernst nicht mit dem Geld umzugehen.
Verhältst du dich so, wie du es von deinen Eltern gelernt hast und wie es deine Eltern wünschen, dann giltst du für andere als angepaßt.
Verweigerst du den Wehrdienst und willst dich sozial engagieren, dann heißt es, du bist ein Drückeberger. Gehst du zum Bund, weil du meinst, der Staat braucht dich, wirst du als Militarist beschimpft und giltst als potentieller Trunkenbold.
Bist du in der Schule ehrgeizig, strebsam und arbeitest viel, wirst du

als Streber und Karrierist bezeichnet. Läßt du die Sachen laufen und tust nur das Nötigste, bist du ein Faulpelz und Nichtsnutz.
Bist du gern alleine und ziehst dich zurück, wirst du ein Eigenbrötler und Egoist genannt. Hast du schon sehr früh eine Freundin oder viele Freunde und gehst gerne aus, giltst du als vergnügungssüchtig.
Egal, was du tust, du eckst immer an, und scheinbar bist du so nicht richtig, wie du bist. Das macht einen auf die Dauer ganz schön sauer, aggressiv und unzufrieden. Irgendwie paßt du scheinbar nicht in diese Welt; das Leben kommt dir sinnlos und unnütz vor. Dann bekommst du leicht das Gefühl, nur noch gelebt zu werden, weil du einmal geboren wurdest, aber ohne wirklich du selbst sein zu können. Deine eigenen Träume verleugnest du, deine Hoffnungen vergißt du, du bist ein Fremdkörper in deinem eigenen Körper, und so existierst du nur noch zwischen Aufstehen und Schlafengehen, 365 Tage im Jahr. Du bist nicht du, sondern einer unter vielen, eine Nummer, austauschbar, auswechselbar: in all dem Beton, den Waffen, der Gewalt, dem Krebs, dem sterbenden Wald, den leeren Gesichtern, zu Hause sein zu müssen, gegen alles versichert zu sein, sein Leben lang hart zu arbeiten, ohne zu wissen, warum und wofür. Die Arbeit, die Schule sind für dich ein notwendiges Übel; gelebt wird – wenn überhaupt – in der Freizeit, und auch da ist es manchmal schwer, weil du nicht wirklich das machen kannst, was du willst. Die Zukunft interessiert dich nicht mehr; wichtig ist die Gegenwart, weil du nicht weißt, was morgen sein wird. Das ungelebte Leben mußt du akzeptieren, denn deine Lebendigkeit ist nicht erwünscht. Rausch, Geld, Konsum sollst du als Entschädigung akzeptieren. Sie sollen verhindern, daß deine Gefühle erwachen, deine Kräfte sich mobilisieren, daß du aus dem Packeis um dich herum herausspringst, die Isolation durchbrichst, dich selbst findest und dich so magst, wie du bist und einfach anfängst zu leben.
So geht es vielen Jugendlichen. Vielleicht kennst du diese Stimmungen auch.
In der Pubertät entwickelst du deinen eigenen Stil. Du versuchst, deinen Typ zu entdecken und veränderst nicht nur dein Aussehen, sondern auch das Bild, das du von dir selbst hast. Das fängt an bei den Äußerlichkeiten: du läßt dir die Haare wachsen oder schneidest

sie ganz kurz; du schminkst dich vielleicht sehr stark oder trägst viele Ohrringe; du suchst nach der Kleidung, von der du meinst, daß sie am ehesten zu dir paßt, ob es nun Jeans und Turnschuhe oder feminine Kleider sind. Darüber hinaus probierst du verschiedene Rollen aus. Du versuchst zu provozieren und aufzufallen und anderen zu gefallen. Du suchst im Streit, deine Meinung durchzusetzen und entwickelst eigene Normen, wie du dich gegenüber anderen geben willst. Du orientierst dich dabei entweder an Freunden oder auch an Idolen und bekannten Stars aus Film, Sport oder Fernsehen.

Das führt fast zwangsläufig zu Konflikten mit den Eltern. Sie können sich oft nicht an deine Vorstellungen und deinen Geschmack gewöhnen und teilen ihn auch nicht mit dir. Ihnen fällt es häufig schwer, sich daran gewöhnen zu müssen, daß sie nicht mehr für dein Äußeres verantwortlich sind, und sie meinen, daß sie sich schämen müßten, so wie du aussiehst. Manche Eltern denken, ihre Kinder müßten so sein wie sie. Ihnen fällt es schwer, deine Eigenständigkeit zu akzeptieren. Diese Äußerlichkeiten sind häufig Anlaß zu Streit. Weil sie dein Äußeres kritisieren, hast du vielleicht das Gefühl, daß sie dich nicht respektieren; sie wiederum haben den Eindruck, weil du dich nicht nach ihren Vorstellungen richtest, akzeptierst du sie nicht.

Das ist schon fast eine Zwickmühle, aber manchmal hilft es schon, wenn du mal mit deinen Eltern über all das sprichst. Für dich ist es wichtig, daß du zu deinem eigenen Stil findest und du dich annehmen kannst. Sei aber auf der Hut und laß dir nicht von Mode- und Meinungsmachern einreden, wie du zu sein hättest, sondern suche dich selbst und finde deinen Stil.

Wenn du Lust hast, vervollständige die nachfolgenden Sätze:

Ich schätze an mir . . .

Ich schätze an mir . . .

Ich schätze an mir . . .

Ich kann gut . . .

Ich kann gut . . .

Ich kann gut . . .

Ich möchte in Zukunft gerne . . .

Ich möchte in Zukunft gerne . . .

Ich möchte in Zukunft gerne . . .

Darüber hinaus möchte ich dir vorschlagen, dich zu malen, mit allem, was an dir für dich wichtig ist. Dabei kommt es nicht auf den »künstlerischen« Wert an, sondern darauf, daß du dich in dem Bild wiederentdeckst. Male nicht mit dem »Kopf«, sondern mit dem »Gefühl«. Versuche nicht, dich möglichst naturgetreu zu malen, sondern eher abstrakt. Versuche dabei, deinen Körper zu spüren und diese Gefühle und Stimmungen im Bild auszudrücken.

Eltern sind auch Menschen

In der Pubertät kommt es mit den Eltern oft zum Krach. Eigentlich gibt es jetzt kein Thema mehr, worüber du dich mit deinen Eltern nicht »fetzen« könntest: Ob es die Frage nach der Kleidung ist oder nach dem Haarschnitt oder danach, wie lange du abends ausgehen darfst, oder ob du bei einem Freund schlafen darfst, ob du allein in Urlaub fahren kannst oder ob du die Schule wechseln sollst, ob du genug Schularbeiten machst oder zu wenig, ob du dich mit der Freundin oder dem Freund draußen sehen lassen kannst, ob andere einen beim Knutschen zuschauen dürfen etc. Über alles könntest du dich streiten. Manchmal sind es Kleinigkeiten oder Mißverständnisse. Es gibt Phasen, in denen die Stimmung ständig gereizt ist, in denen ein Wort das andere gibt und es knallt, und hinterher weiß keiner mehr so genau, was eigentlich los war.
Besonders das Gefühl, von den Eltern nicht akzeptiert und noch wie ein kleines Kind behandelt zu werden, macht dich sauer. Doch Eltern sind auch Menschen, und vielleicht erleben sie in der Zeit, in der du in der Pubertät bist, auch bei sich eine Menge an Veränderungen und Bewegungen, mit denen sie fertig werden müssen. Während dein Körper jugendliche Attraktivität ausstrahlt, fängt ihr Körper an zu altern. Während du deiner körperlichen Höchstleistung entgegengehst, bemerken sie bei sich bereits deutlich die ersten Grenzen. Während du deine berufliche Karriere erst anfängst, ist ihre bereits beendet. Sie müssen sich mit dem Altern abfinden, mit den Falten genauso wie mit den grauen Haaren, und gleichzeitig müssen sie lernen, dich loszulassen, deine Selbständigkeit zu akzeptieren. Genauso wie du befinden sie sich auf der Suche nach dem Sinn ihres Lebens. Während du nach dem Sinn für dein Leben und deine Zukunft suchst, ziehen sie Bilanz, wie das Leben bisher war, und sie suchen Ziele, die für sie jetzt noch erreichbar sind. Sie merken, daß ihr Leben jetzt andere Schwerpunkte hat als früher. Sie sind nicht mehr so eng an das Haus gebunden, weil du selbständig und unabhängig von ihnen bist. Sie können jetzt ihre Zeit freier einteilen, nach neuen Hobbys suchen und sich neuen Aufgaben stellen. Auf

diese Veränderung mußt du dich einstellen, auch du mußt versuchen, sie in ihrer Veränderung zu akzeptieren.
Für deine Beziehung zu deinen Eltern ist es jetzt wichtig, daß ihr euch nicht aus den Augen verliert und daß ihr versucht, euch trotz aller Konflikte zu respektieren. Der sicherste Weg, daß deine Eltern dich respektieren und akzeptieren, ist der, daß du deine Eltern, so wie sie sind und werden, akzeptierst. Versuche mit ihnen zu sprechen, zeige ihnen deine Gefühle und sage ihnen ehrlich deine Meinung. Versuche gleichzeitig, ihre Meinung zu erkennen. Ich glaube, dann kannst du dir so manchen unnützen Streit zu Hause ersparen und bei den Meinungsverschiedenheiten wird es mehr um die wesentlichen Fragen gehen.
Mir hat mal jemand gesagt, reif sei man, wenn man einen richtigen Rat befolgt, obwohl er von den Eltern stamme. Und ich glaube, in diesem Spruch steckt viel Wahrheit.

Es ist wichtig, Freunde zu haben

In der Altersspanne zwischen dreizehn und siebzehn Jahren verändern sich auch die Beziehungen zu deinen Freunden. Während in deiner Kindheit das gemeinsame Spielen im Vordergrund stand, ist jetzt neben dem gemeinsamen Tun – ob das nun die Fete, der Sport oder sonst etwas ist – das Reden über Fragen, die dich angehen, ein zweiter wichtiger Bestandteil. Möglicherweise bist du jetzt mehr und lieber mit deiner Clique zusammen als mit deinen Eltern. Deine Clique wird für dich jetzt sehr wichtig.
Mit den Freunden in der Clique läßt sich über vieles leichter reden als mit den Eltern. Wichtiger aber noch ist das Gefühl, daß du angenommen bist und die Solidarität untereinander. Du wagst mit der Gruppe eher etwas, zu dem du allein nicht den Mut hättest. In der Gruppe ist es auch leichter, sich mal auffällig und extravagant zu verhalten. Die Gruppe gibt dir Selbstvertrauen und Stabilität, denn du gehörst ja dazu. Allerdings herrscht in manchen Cliquen ein ganz schöner Anpassungsdruck, und du mußt auf so manches verzichten oder dir

verkneifen, nur um dazuzugehören. Dabei ist es wichtig, genau darauf zu achten, wie weit du gehen kannst. Die Anpassung in der Clique darf nicht zur Selbstverleugnung werden, und du solltest dich nicht zwingen lassen, Sachen zu tun, die du nicht willst. Allerdings ist das schwierig; denn wenn du dich aus der Clique löst, dann bist du schnell alleine und einsam. Das kann unter Umständen eine sehr schwere Entscheidung sein. Dann ist es gut, wenn du einen echten Freund hast, der zu dir hält, um nicht ganz allein dazustehen. Eine Gruppe zu haben, in der du gemocht und akzeptiert wirst, ist sehr wichtig. Jeder Mensch braucht das Gefühl, angenommen und nicht allein zu sein, dazuzugehören. Das gibt Sicherheit und Selbstvertrauen. Die Clique hilft dir dabei, dich so zu respektieren wie du bist, und du kannst lernen, die anderen zu respektieren, so wie sie sind mit ihren Ansichten, kleinen Ticks und Schwächen. Du kannst dir in der Clique von der Andersartigkeit deiner Freunde einiges abschauen. Wenn du eher zurückhaltend, ein anderer vielleicht mehr ein Draufgänger ist, so hilft es euch beiden, andere Verhaltensweisen zu erproben.

Neben der Clique ist es aber auch wichtig, einen richtigen Freund oder eine richtige Freundin zu haben. An ihn oder sie solltest du auch entsprechende Ansprüche stellen. Ein richtiger Freund hält auch zu dir, wenn du mal etwas Dummes getan hast, er lacht dich nicht aus und schaut auch nicht auf dich herab, wenn du Fehler machst. Er macht dir Mut, wenn du Angst hast und gibt dir Hoffnung, wenn du mal frustriert bist. Mit einem richtigen Freund solltest du dich auch streiten können. Eine richtige Freundschaft hält auch Meinungsverschiedenheiten aus, ja sie lebt sogar ein Stück davon, daß du und dein Freund nicht in allen Punkten die gleiche Meinung habt. Wenn es mal ernst wird, wirst du sehr schnell merken, ob du einen richtigen Freund hast oder ob es nur ein Ja-Sager war, der in deiner Nähe sein wollte.

Die anderen Jugendlichen, ob nun aus der Clique oder ein Freund, sind wichtig für dich. Aber es ist genauso gut möglich, daß du auch Zeiten hast, in denen du lieber für dich allein bist und in denen du nichts mit den anderen zu tun haben möchtest. Diese Gefühle und Stimmungen solltest du zulassen, um dich einmal in Ruhe auf dich besinnen zu können oder einem Hobby nachzugehen, was nur dich anspricht. Vergiß vor lauter Freunden und Bekannten nicht dich selbst, sondern nimm dir auch einmal die Zeit, dich nur mit dir zu beschäftigen.

Dazwischen
nicht klar
was ich will
nicht deutlich
wohin
zu unsicher
weiterzugehen
zu bedrückt
um es auszusprechen
nur eins ist sicher
so kann es nicht
weitergehen

2 Unserem Körper auf der Spur

Körpergefühl bekommen

Du hast sicherlich schon einmal die Erfahrung gemacht, daß es dir den Angstschweiß auf die Stirn getrieben hat oder daß deine Hände feucht wurden, als du einem Menschen begegnet bist, für den du schwärmst, oder daß du so ein schweres Gefühl im Magen bekommst, wenn es dir mulmig wird, oder daß du Kopfweh bekommst, wenn du sehr verkniffen nachdenkst, oder daß du rot wirst, wenn dich jemand aufzieht. Anhand der Beispiele siehst du schon, daß das, was Körperlichkeit und Sexualität miteinander zu tun haben, im wahrsten Sinne auf der Haut liegt. Menschen reagieren in allen Situationen mit ihrem Körper – auf Angst, auf Aufregung, auf Risiko, in Situationen, in der wir Liebe empfinden usw. Sicherlich kennst du Unterschiede des körperlichen Reagierens. Ob du bei der Begrüßung einem deiner Verwandten die Hand gibst oder ob du jemandem die Hand schüttelst, der dir etwas bedeutet oder den du verehrst, ist nicht das gleiche. Im letzteren Falle kommt es leicht zu einem prickelnden Gefühl, vielleicht wirst du auch rot oder dir wird etwas mulmig dabei. Und da ist es wieder im wahrsten Sinne des Wortes der Körper, der da reagiert.

Viele Sprichworte, die wir kennen, deuten darauf hin, daß die Menschen schon immer körperlich reagiert haben. Es war früher einmal sogar viel stärker als heute, daß die Menschen körperliche Reaktionen beachtet und bejaht haben. Vielleicht kennst du Sprichworte wie: »Das treibt mir den Angstschweiß auf die Stirn«, »Einen Freudenhüpfer machen«, »Den Arsch zusammenkneifen«, »Das ist eine ehrliche Haut«, »In seiner Haut möchte ich nicht stecken«, »Ich kann ihn nicht riechen« usw.

Es ist sehr wichtig, seinen Körper und seine Körperlichkeit deutlich zu fühlen, um sich annehmen zu können. Das ist vor allem heute entscheidend, in einer Zeit, in der wir angesichts der aufdringlichen Werbung ständig eingeredet bekommen, daß wir mit unserem Körper eigentlich unzufrieden zu sein hätten. Doch höre nicht auf die Werbung; denn die Leute wollen nur ihre Produkte verkaufen. Ihnen geht es nicht darum, daß du dich in deinem Körper wohlfühlst. Darum ist es viel wesentlicher, daß du deinen Körper annehmen kannst, so wie er ist. Um das Gefühl deiner Körperlichkeit etwas deutlicher wahrzunehmen, möchte ich dir vorschlagen, einmal folgendes zu tun:

Wenn du Zeit und Lust hast und nackt bist, versuche einmal an deinem Körper festzustellen, welche Stellen an ihm warm und welche kälter sind. Dein Körper hat an den unterschiedlichsten Stellen unterschiedliche Temperaturen, versuche es wahrzunehmen. Wenn du das getan hast, dann versuche, deinen Körper zu erriechen. Dein Körper riecht an den verschiedenen Stellen anders, ob nun unter den Armen oder an deinen Geschlechtsteilen. Danach kannst du versuchen, ganz vorsichtig und sachte mit deinen Fingerspitzen über deinen Körper zu streichen. Fang dabei bei den Haaren an und gehe über deinen gesamten Körper bis zu deinen Zehen. Du wirst dabei feststellen, daß deine Haut sich an den verschiedensten Körperstellen unterschiedlich anfühlt. Wenn du dies gemacht hast, dann schlage ich dir vor, dich vor einen Spiegel zu stellen und dich genau zu beobachten. Die Farbschattierungen deiner Haare, die Formen deiner Muskeln, schau sie dir einmal genau an und streiche sie mit deinen

Händen nach. Versuche dabei intensiv einzuatmen und beobachte, wie dabei dein Brustkorb sich auf und ab bewegt. Schaue dich in aller Ruhe an von oben bis unten, von vorne und hinten und sage dir dabei, was dir an deinem Körper gefällt.

Zur Körperlichkeit gehört außer dem Gefühl, wie dein Körper reagiert und wie er aussieht, noch einiges andere. Dazu zählt z. B. die Ernährung. Vieles, was wir essen und trinken, ist unserem Körper nicht förderlich. Nicht nur überhöhter Genuß von Alkohol und Nikotin schadet dem Körper, sondern auch unmäßiges Essen bestimmter Speisen. Vernünftig zu essen ist besser als hinterher unvernünftige und sinnlose Diätkuren als Beschäftigungstherapien durchführen zu müssen.

Doch auch die Pflege des Körpers gehört zu einem guten körperlichen Gefühl. Vielfach ist sie abgelöst von den anderen Sachen des Alltags und findet hinter verschlossenen Türen statt. Wir wissen zwar, wie wichtig die liebevolle Zuwendung für das Kleinkind ist, aber daß dies auch für Jugendliche und Erwachsene gilt, will uns noch nicht so recht in den Kopf. Damit meine ich, die Pflege des Körpers zu genießen und sie möglichst lustvoll zu gestalten, und wenn du in einer Beziehung lebst, sie auch als eine Möglichkeit gemeinsamen Miteinanders zu verstehen. Das ist eine Möglichkeit eines nichtsprachlichen Austausches zwischen dir und deinem Partner, und er bietet viele Möglichkeiten etwas auszudrücken, was vielfach mit der Sprache schwierig ist. So ist das gegenseitige Waschen oder Duschen, das Einseifen oder das Einölen, oder auch die unterschiedlichsten Formen der Massage gerade auch, wenn sie nicht dazu mißbraucht werden, möglichst schnell zum Geschlechtsverkehr zu kommen, eine Form, um die Körper miteinander sprechen zu lassen.

Die Massage ist in einer Beziehung eine sehr intensive Möglichkeit, sich gegenseitig Zuneigung zu zeigen. Die Massage kann am Kopf beginnen und von dort aus auf den ganzen Körper übergreifen. Versuche dabei, leicht und ruhig den Körper des anderen zu erkunden und in dich aufzunehmen. Die Spannungen im Körper des Partners zu erfühlen, die Stellen wahrzunehmen, welche warm und welche kälter sind, die Struktur der Muskulatur sowie den Knochenbau zu ertasten und diese Stellen mit unterschiedlichem Druck zu berühren, ist eine sehr wichtige Erfahrung für beide Partner. Versucht das Tempo und den Druck zu variieren und in Ruhe den Körper des anderen kennenzulernen. Wenn ihr eine Stelle erfühlt habt, an der die Muskeln verkrampft sind, bleibt dort eine Zeitlang und verstärkt etwas den Druck, geht dann zu anderen Stellen des Körpers weiter und kehrt dann wieder zu dieser Stelle zurück. Verharrt an einem solchen Ort nicht zu lange, sondern kehrt lieber öfter dahin zurück. Zum Abschluß der Massage berührt euch immer sanfter und zärtlicher und hört dann langsam auf. Bei der Massage solltet ihr folgendes beachten: versucht die Bewegungen immer zur Körpermitte hin zu führen, teilt euch mit, an welchen Stellen die Massage weh tut und meidet dann diese Stellen, verwendet am besten ein Öl dazu, damit die Berührung der Haut keine unnützen Reizungen hervorruft.

Zur Schulung der Sinnlichkeit dient der Vorschlag, den ich zu Beginn dieses Kapitels gemacht habe. Diese Übung kannst du auch mit deinem Partner machen, indem ihr euch gegenseitig vorsichtig erkundet mit allen Sinnen, die euch zur Verfügung stehen. Dabei ist es zweckmäßig, daß ihr beide so voreinander steht, daß ihr euch in die Augen sehen könnt. Betrachtet euch zu Beginn eine Zeitlang und versucht dann, euch mit geschlossenen Augen möglichst intensiv zu erspüren. Versucht die Nähe und Wärme wahrzunehmen, die der andere ausstrahlt. Dann beginnt einer von euch den anderen mit seinen Händen mit einem Millimeter Abstand nachzuzeichnen. Versuche dabei jede Linie, jede Erhebung und Senkung nachzuziehen. Bewege dich dabei langsam und konzentriere dich ganz auf den anderen. Dann hat der Passive die Möglichkeit, deine Wärme, die von deinen Händen ausgeht, zu erspüren. Wenn ihr dies abwechselnd gemacht habt, versucht auch beim anderen die Unterschiedlichkeit seiner Haut zu erspüren. Danach könnt ihr versuchen, den Geruch der verschiedenen Körperregionen in euch aufzunehmen. Während ihr den unterschiedlichen Geruch wahrnehmt, könnt ihr gleichzeitig mit eurem Atem Wärme spenden. So entsteht ein direkter Austausch körperlicher Strahlungen.

Das Erlernen der Sinnlichkeit ist ein weiterer Punkt, der zur Körperlichkeit gehört. Die Sinnlichkeit ist nicht nur für das Wachsen deiner Beziehung wichtig, sondern auch um dich selbst und deinen Körper besser kennenzulernen. Dabei ist das Erlernen der Sinnlichkeit gar nicht so schwer. Sie liegt im wahrsten Sinne des Wortes direkt unter der Haut. Sinnlichkeit bedeutet, sich selbst und den anderen mit all seinen Sinnen zu genießen und wahrzunehmen. Dabei ist es wichtig, die Sinne zu öffnen. Sich selbst und den anderen mit Nase, Mund, Ohren und Hand wahrzunehmen und aufzunehmen. Mit allen Sinnen zu leben, ist dabei das Ziel. Riechen und Schmecken, Hören und Sehen und das Tasten sind umfassende Möglichkeiten, Neues bei sich zu sehen und zu erkennen.

Im folgenden möchte ich nun beschreiben, wie der weibliche und der männliche Körper aussehen und einige Vorgänge erklären, die wir landläufig mit *Sexualität* in Verbindung bringen. Einiges davon wird für dich bekannt sein, anderes vielleicht neu. Ich habe dabei sowohl die medizinischen wie auch die umgangssprachlichen Begriffe gebraucht. Laß dich also nicht durch die medizinischen Fremdwörter in diesem Teil abschrecken.

Wie der weibliche und der männliche Körper aussieht

Schon immer in der Geschichte der Menschheit hat man den Geschlechtsorganen des Menschen eine besondere Bedeutung beigemessen. Dies drückte sich in den unterschiedlichen geschichtlichen Zeitabschnitten verschieden aus. In früheren Kulturen wurden die Geschlechtsorgane manchmal religiös verehrt, und man glaubte, daß sie magische Kräfte besäßen. In unserem Kulturkreis ist eher das Gegenteil der Fall. Man betrachtet die Geschlechtsorgane mit Peinlichkeit, und in der Erziehung versucht man sie zu übergehen. Das drückt sich auch in unserem Sprachgebrauch aus. Häufig werden die Geschlechtsorgane Intimbereich genannt. Damit wird angedeutet, daß diese Körperteile peinlicher als andere anzusehen sind und daß man sie deshalb in der Öffentlichkeit nicht nennen soll, sie sind eben intim. Dieser zurückhaltende, peinliche Umgang mit den Geschlechtsorganen drückt sich auch in der Bezeichnung von

Schamhaaren und Schamlippen aus. Aber Scham ist eigentlich genau das, was man vor diesem Teil unseres Körpers nicht haben sollte. Denn diese Organe sind ja ein wesentliches Zentrum menschlicher Lust. Auch die modernen Ausdrücke der Medizin, wie Genitalien oder Reproduktionsorgane sind ebenfalls nur unzureichende Beschreibungen. Auch wenn es stimmt, daß einige dieser Organe, wie z. B. die Eileiter der Frau, der Fortpflanzung dienen, so gibt es andere, z. B. die Klitoris, die nicht der Fortpflanzung, sondern allein der sexuellen Lust dienen. Ein anderes Beispiel, warum diese Begriffe nicht ganz zutreffend sind, zeigt sich darin, daß bereits Kinder die Fähigkeit zum Orgasmus haben, lange bevor sie überhaupt fortpflanzungsfähig sind.

Was du über den Körper der Frau wissen solltest

Die äußeren Geschlechtsorgane

Die äußeren weiblichen Geschlechtsorgane bestehen aus dem Venushügel, den großen und den kleinen Schamlippen, der *Klitoris* und dem Scheideneingang. Für diesen Teil der weiblichen Geschlechtsorgane gibt es den medizinischen Ausdruck *Vulva*. Die üblichen deutschen Begriffe sind Scham- oder äußere Geschlechtsteile. In der Umgangssprache verwendet man dafür Begriffe wie Muschi und Möse. *Der Venushügel* – oder medizinisch gesagt *Mons Veneres* – heißt im Deutschen Schamhügel oder Schamberg. Er besteht aus Fettgewebe, das sich unter der Haut unmittelbar über dem Schambein befindet. In der Pubertät bildet sich darauf das Schamhaar.

Die *großen Schamlippen* oder auch große Venuslippen oder medizinisch *Labia Maiora* sind zwei dicke Hautfalten aus Fettgewebe, die vom Venushügel abwärts verlaufen und die Begrenzung der *Vulva* bilden. Sie sind häufig ebenfalls mit Schamhaaren bewachsen. Bei den meisten Frauen berühren sich die großen Schamlippen, um die empfindlichere Haut darunter zu schützen.

Die *kleinen Schamlippen* oder auch kleine Venuslippen genannt oder

Geschlechtsorgane Vorderansicht

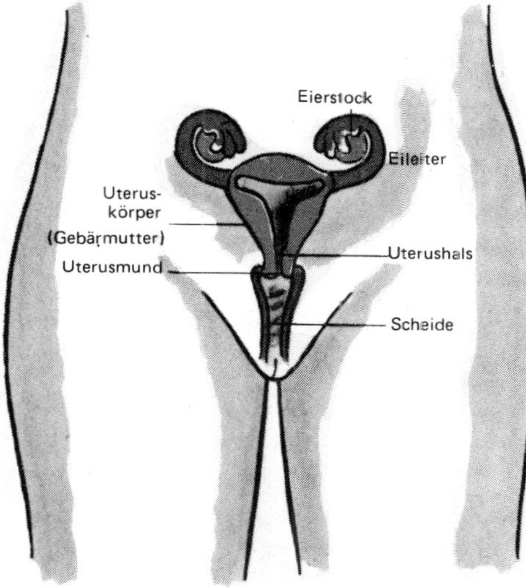

Geschlechtsorgane Seitenansicht

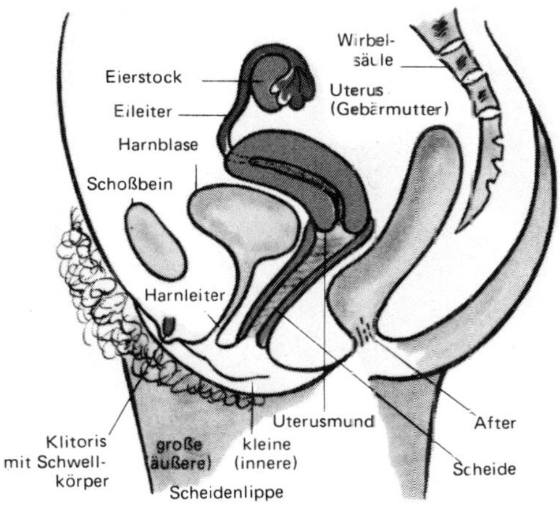

medizinisch *kleine Labien* oder *Labia Minora* liegen unter den großen Schamlippen. In ihnen sind zahlreiche Blutgefäße, die viele Talgdrüsen besitzen. Bei sexueller Erregung verändern sie sich stark. Sie werden dicker und können auf das Zwei- bis Dreifache ihrer ursprünglichen Größe anwachsen.

Die *Klitoris,* Kitzler oder Perle genannt, liegt unterhalb des Venushügels, an dem Punkt, an dem die kleinen Schamlippen zusammengewachsen sind. Sie ist voller Nervenenden und der sensibelste Teil der weiblichen Geschlechtsorgane. Die Klitoris ist das Lustorgan der Frau, ähnlich wie das Glied beim Mann. Trotz einiger Unterschiede sind Klitoris und Glied ähnlich gebaut. Du mußt die kleinen Schamlippen an der Spitze vorsichtig zurückziehen, um die Klitoris ganz zu sehen. Wenn du nicht sicher bist, wo sich die Klitoris befindet, und es ist wirklich nicht immer leicht sie zu finden, solltest du sanft deine Vulva betasten. Wenn du über den empfindlichsten Punkt streichst, kannst du sicher sein, daß es die Klitoris ist. Sie fühlt sich an wie eine kleine Halbkugel von der Größe einer Erbse. Bei sexueller Erregung erhärtet und vergrößert sich die Klitoris und ragt dann aus der Klitorishaube hervor. Im weiter fortgeschrittenen Erregungszustand zieht sich die Perle aber wieder zurück. Sie reagiert auf direkte Berührungsreize vielfach eher mit Schmerz als mit Lust. Ihre Umgebung aber ist empfindsam für sexuelle Reizung. Die durchschnittliche Länge der Klitoris im Ruhestand beträgt weniger als zweieinhalb Zentimeter, davon ist der größte Teil verdeckt. Im Erregungszustand kann sich ihr Umfang fast verdoppeln.

Der *Scheideneingang* oder medizinisch *Introitus* wird in der Umgangssprache Loch genannt. Er liegt unterhalb des Harnröhrenausgangs. Der Ausgang der Harnröhre liegt ungefähr in der Mitte zwischen Klitoris und Scheideneingang. Dieser ist bis auf eine kleine Öffnung vom *Hymen,* dem Jungfernhäutchen, umgeben. Über das Hymen hat es in der Vergangenheit viele Mythen gegeben. Lange Zeit sahen die Menschen in einem unverletzten Hymen den Beweis für Jungfräulichkeit. Das ist aber falsch. Denn viele Mädchen werden bereits mit großer Hymenöffnung geboren, oder es wird gedehnt, z. B. bei anstrengender sportlicher Betätigung, so daß

Scheideneingang

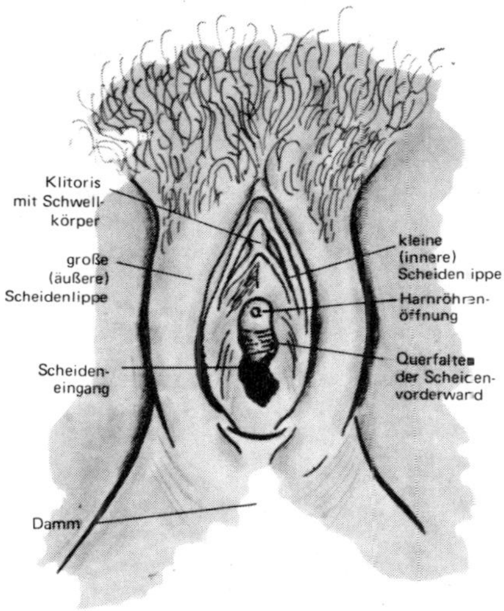

Geschlechtsorgane Schnitt

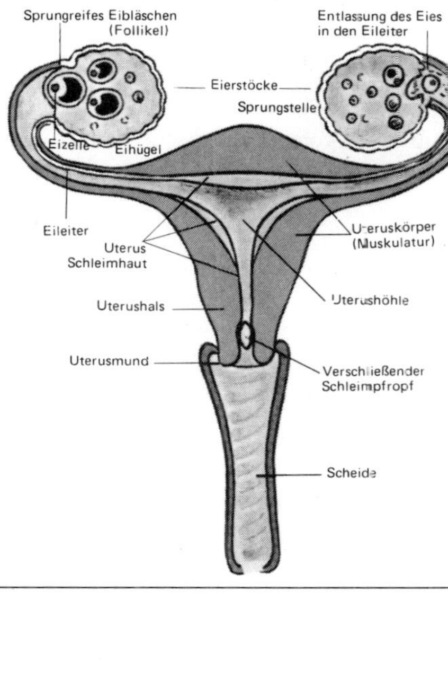

aus dem Fehlen des Hymen kein Rückschluß auf sexuelle Erfahrungen möglich ist. Wenn das Hymen unbeschädigt vorhanden ist, so wird es in den meisten Fällen beim ersten Koitus gedehnt, was aber bereits beim Masturbieren, beim Petting oder bei der Verwendung von Tampons geschehen kann. Das Dehnen des Hymens kann im ersten Augenblick unangenehm sein und eine leichte Blutung auslösen. Du brauchst davor aber keine Angst zu haben.

Die inneren Geschlechtsorgane

Die inneren Geschlechtsorgane der Frau bestehen aus den Eierstökken, den Eileitern, der Gebärmutter und der Scheide.

Die Eierstöcke
Sie werden medizinisch *Ovarien* genannt und ähneln in Form und Größe ungeschälten Mandeln. Die Eierstöcke hängen an Bändern zwischen den seitlichen Beckenwänden und der Gebärmutter. Sie haben eine doppelte Funktion: zum einen produzieren sie die Eizellen, von denen bei der Geburt bereits etwa 400 000 vorhanden sind, davon werden aber in der Phase der Fortpflanzungsfähigkeit – also zwischen Pubertät und den Wechseljahren – etwa 400 reif, alle übrigen bleiben unreif oder gehen zugrunde; zum zweiten produzieren sie Hormone, und zwar Östrogene, Androgene und das Progesteron.

Die Eileiter
oder medizinisch *Tubae Uterinae* genannt, führen von den Eierstökken in die Gebärmutter. Sie sind nur mit der Gebärmutter verwachsen. Zur Bauchhöhle hin sind sie offen und enden in Trichterform. Dieses Ende legt sich beim Eisprung an die Stelle des Eierstocks, an der sich die reifen *Follikel* (Zellhülle des gereiften Eis im Eierstock) befinden, um die Eizelle aufzunehmen. Die Befruchtung einer Eizelle findet meist im oberen Teil des Eileiters statt.

Die Gebärmutter
oder medizinisch *Uterus* genannt ist ein muskuläres Organ, das ungefähr in der Mitte des Unterleibes liegt. Sie ist etwa sieben Zentimeter lang, hat die Form einer auf dem Kopf stehenden Birne und besitzt die Größe einer kleinen geballten Faust. Die Eileiter münden rechts und links am oberen Ende in die Gebärmutter. Die Gebärmutter besteht aus sehr starken Muskelspiralen, die sich weit auseinanderdehnen können; sie liegen normalerweise eng aneinander und werden während der Schwangerschaft auseinandergedrückt. In zyklischen Abständen von ungefähr 28 Tagen bauen die Innenwände eine schwammige Schleimhaut auf, die der befruchteten und sich entwickelnden Eizelle die Möglichkeit zur Einnistung bietet. Wenn es nicht zu einer Befruchtung kommt, löst sich der größte Teil dieses Gewebes ab und wird während der Menstruation durch Gebärmutterhals und Scheide ausgeschieden. Die Gebärmutter besteht aus dem eigentlichen Gebärmutterkörper und dem Gebärmutterhals, an den sich die Scheide anschließt. Die Drüsen im Gebärmutterhals produzieren eine schleimhaltige Flüssigkeit, die den Eingang zur Gebärmutter verstopft. Zur Zeit des Eisprungs wird diese Flüssigkeit dünner, so daß die Samenzellen leichter in die Gebärmutter eindringen können. Dieser Vorgang wird von den natürlichen Verhütungsmethoden ausgenutzt. Den Muttermund nennt man auch *Cervix*. Er ist von der Scheide aus fühlbar und sichtbar. Während der unfruchtbaren Zeit hat er eine Festigkeit, die vergleichbar ist mit der einer Nasenspitze, während der fruchtbaren Tage mit der Weichheit eines Ohrläppchens.

Die Scheide
oder medizinisch *Vagina* genannt, ist ein ungefähr acht bis zehn Zentimeter langes muskulöses Rohr, das sich vom Muttermund bis zur Öffnung nach außen in die Vulva erstreckt. Die Vagina erfüllt hauptsächlich drei Funktionen: sie bildet den Kanal, durch den die Menstruationsflüssigkeit ausfließen kann, sie nimmt beim Geschlechtsverkehr den Penis und das *Ejakulat* (Samenflüssigkeit) auf, so daß die Samenzellen zum Gebärmutterhals gelangen können

und drittens stellt sie von der Gebärmutter einen Weg nach außen für das Kind bei der Geburt dar.
In den Scheidenwänden befinden sich zahlreiche schleimproduzierende Blutgefäße und Zellen. Eine geringe Menge an Sekret wird ständig in den Scheidenwänden erzeugt. Während der sexuellen Erregung sondern diese vermehrt eine wäßrige Substanz ab. Sie erleichtert das Eindringen des Penis beim Geschlechtsverkehr.

Die Menstruation
wird in der Umgangssprache auch *Tage, Regel, Periode* oder *Monatsregelblutung* genannt. Die Zeit vom ersten Tag der Menstruation bis zur nächsten Menstruation nennt man Menstruationszyklus. Beim Mädchen tritt die erste Menstruation normalerweise zwischen dem elften und dreizehnten Lebensjahr auf, oft auch früher, manchmal später.
In der ersten Zeit ist der Zyklus noch sehr unregelmäßig. Danach pendelt er sich zwischen 28 und 35 Tagen ein. Gewisse Schwankungen sind jedoch ganz normal.
Der Menstruationszyklus wird vom ersten Tag der Periode bis zum letzten Tag vor der nächsten Periode gezählt. Vom ersten Tag an bis zum Eisprung (*Ovulation*) beginnen in deinen Eierstöcken einige Eier zu reifen, von denen dann gewöhnlich ein Ei reif wird. Gleichzeitig produzieren die Eierstöcke ein Östrogen, das *Follikelhormon*. Es bewirkt den Aufbau der Schleimhaut in der Gebärmutter und bereitet diese darauf vor, daß sich ein befruchtetes Ei in ihr einnisten kann. Diese Zeit, die man auch *Proliferationsphase* nennt, ist fast immer unterschiedlich lang. Kurz vor dem Eisprung bildet sich das Follikelhormon zurück. Das Gelbkörperhormon Progesteron, das nun produziert wird, übernimmt dann die Anreicherung der Gebärmutterschleimhaut mit Nährstoffen und verhindert den Abbruch der Schleimhaut. Etwa am vierzehnten Tag bricht das gereifte Ei aus seinem Bläschen heraus und tritt an die Oberfläche des Eierstocks. Diesen Zeitpunkt nennt man Ovulation oder Eisprung. Nachdem die reife Eizelle den Eierstock verlassen hat, wird sie von den *Fimbrien* aufgenommen und zur Gebärmutter transportiert. Innerhalb weniger Stunden vollziehen sich dann die

Die Monatsblutung

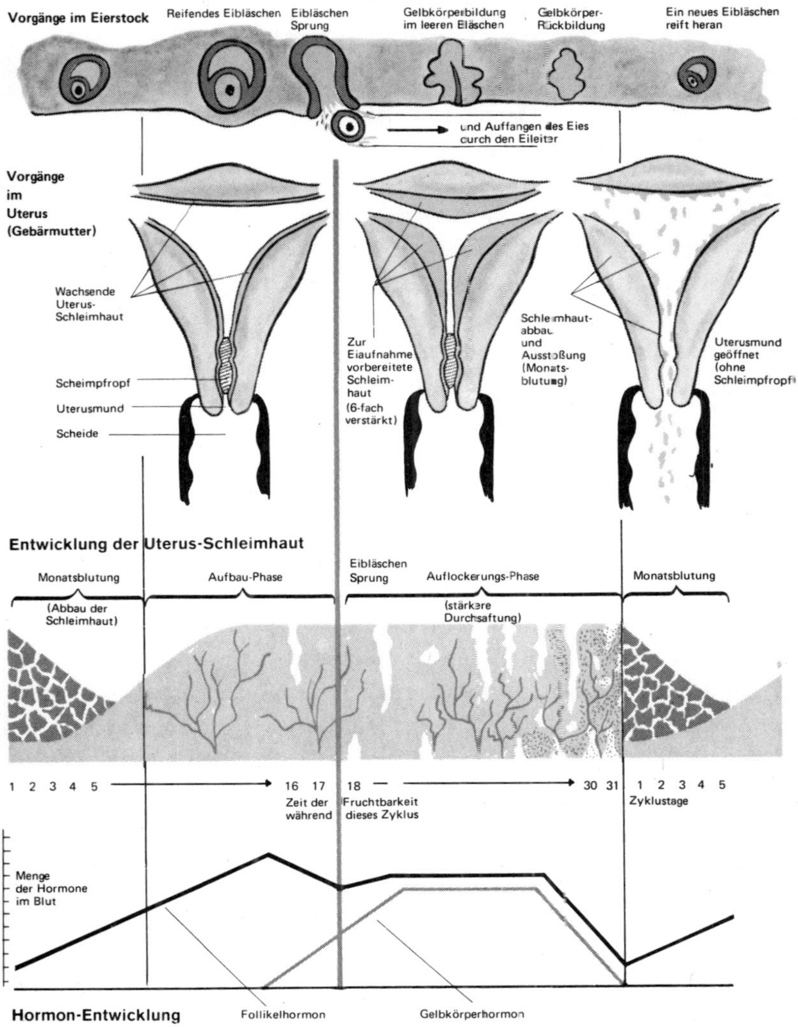

letzten Reifungsschritte und die Eizelle kann befruchtet werden. In dieser Zeit produziert das geplatzte Bläschen Progesteron, das bewirkt, daß die Gebärmutterschleimhaut sich weiterhin verdickt. Findet keine Befruchtung statt, bildet sich das Gelbkörperhormon zurück. Wenn dann keine Hormone mehr produziert werden, bricht die Schleimhaut ab und es kommt nach ca. 28 Tagen zur nächsten Menstruation. Der Eisprung kündigt sich zusätzlich durch vermehrte Schleimproduktion am Gebärmuttermund an. Ungefähr zwei Tage nach dem Eisprung steigt die Körpertemperatur ebenfalls leicht an. Viele Mädchen glauben, daß sie eine ganze Menge Blut bei der Menstruation verlieren. Das stimmt aber nicht. Normalerweise ist es nicht mehr als etwa eine halbe Tasse. Die Flüssigkeit besteht aus Geweberesten, Blut und Schleim. Etwa Dreiviertel davon werden an den ersten beiden Tagen ausgeschieden.

Die erste Menstruation kann für ein Mädchen ein großes Erlebnis sein, denn die Menstruation gilt als ein wichtiges Zeichen zum »richtigen Frau sein«. Doch ist es für viele auch heute noch eine beunruhigende Erfahrung, weil sie nicht richtig darauf vorbereitet sind. In unserer Gesellschaft ist die Menstruation vielfach noch immer ein Tabu, und nur wenige Menschen können frei über die Menstruation sprechen. Die vielen Umschreibungen sind dafür ein Zeichen: »seine Tage haben« oder »sich unpäßlich fühlen« u. ä.

Früher war es noch schwieriger über die Menstruation zu sprechen. In früheren Jahrhunderten waren diese Tabus noch wesentlich stärker. Frauen galten während ihrer Menstruation als »unrein«, wie es in der Bibel heißt; man beschuldigte sie, für Unglück oder Katastrophen verantwortlich zu sein. Oder man vermittelte ihnen das Gefühl, sich schmutzig, unsauber, unglücklich oder minderwertig fühlen zu müssen. Das ist zwar vorbei, dennoch gibt es auch heute noch eine Menge Tabus. Für viele Mädchen und Frauen ist es schwierig, mit ihrem Partner über ihre Menstruation zu reden, und die meisten Männer haben nur wenig Verständnis für die Situation der Frau während der Menstruation. Es ist wichtig, daß ein Mädchen die Menstruation als einen natürlichen Vorgang ihres Körpers annimmt und möglichst auch während dieser Zeit normal lebt, Sport treibt, tanzt, radelt usw.

Brüste

Wenngleich die Brüste der Frau nicht als Geschlechtsorgan im engeren Sinne bezeichnet werden können, so spielen sie doch eine wichtige Rolle bei der Entwicklung des Mädchens zur Frau und für ihr erotisches Empfinden. Sie bestehen aus Fett und Bindegewebe, in denen die Milchdrüsen eingebettet sind. Nach der Geburt eines Kindes beginnen diese Drüsen Milch zu produzieren und durch die Ausführungsgänge in die Brustwarzen abzugeben.

In der Pubertät entwickeln sich die Brüste und die Brustwarzen und bekommen nach und nach die endgültige Größe. Bei einigen Mädchen entwickeln sie sich bereits zwischen dem achten und zehnten Lebensjahr; bei anderen beginnt diese Entwicklung erst später. Die endgültige Form und Größe der Brüste hängt davon ab, wieviel Fettgewebe sie haben. Die Brüste unterscheiden sich in Form und Größe voneinander. Viele Mädchen denken, ihr Busen sei zu groß oder zu klein, er setze zu hoch oder zu tief an und sei nicht in Ordnung. Diese Vorstellungen entstehen, weil in unserer Gesellschaft durch Zeitschriften, Filme, Magazine und durch die Mode ganz bestimmte Idealbilder propagiert werden. Mal gilt der große Busen als chic, mal der kleine. Besonders durch diese Einflüsse haben viele Mädchen mit kleinem Busen das Gefühl, sie seien nicht sehr weiblich, und Mädchen mit großem Busen befürchten, sie gelten als Sexobjekte. Du solltest dich aber möglichst von diesen äußeren Einflüssen losmachen und versuchen, deinen Körper so anzunehmen wie er ist.

Die Größe hängt nicht mit der sexuellen Erregbarkeit zusammen. Die weibliche Brust ist von besonderer sexueller Bedeutung. Vor allem die Brustwarzen und ihre Umgebung sind im allgemeinen leicht erregbar und reagieren auf Berührung äußerst empfindsam. Das ist zwar von Frau zu Frau verschieden, aber in vielen Fällen verlaufen die sexuellen Reaktionen wie folgt: zuerst verdicken sich die Brustwarzen, richten sich auf, und die Adern werden deutlicher sichtbar.

Was du über den männlichen Körper wissen solltest

Das Glied wird in der Umgangssprache auch Schwanz *(Penis)* genannt. Es besteht aus drei Schwellkörpern, wovon zwei an der Ober- und einer an der Unterseite verläuft.

Das Glied besteht aus zwei Teilen: den Kopf nennt man Glans *(Eichel),* und der längere Teil ist der Schaft. Unter der dünnen Haut des Schaftes verlaufen die drei Schwellkörper, die von Muskelfasern umgeben sind. Diese Schwellkörper bestehen hauptsächlich aus Blutgefäßen, die sich bei sexueller Erregung innerhalb kurzer Zeit mit Blut füllen, sich dadurch vergrößern und zur Versteifung des Gliedes führen. So kommt es zur Erektion. Umgekehrt läßt die Erektion nach, wenn das Blut abfließt. Erektionen werden gewöhnlich durch sexuelle Erregung ausgelöst. Durch die Harnröhre *(Urethra)* innerhalb des Gliedes gelangt der Urin von der Blase nach außen. Bei der Ejakulation *(Samenerguß)* wird außerdem der Samen darin befördert. Dabei schließt ein Ventil den Zugang von der Blase zur Harnröhre, so daß sich Samen und Urin nicht vermischen können.

Wenn du plötzlich eine Erektion bekommst, ohne daß du damit gerechnet hast und ohne daß dein Glied berührt worden ist, dann nennt man das eine unwillkürliche oder spontane Erektion. Bei Jugendlichen geschieht das recht häufig, da der Testosteronspiegel bei ihnen hoch und schwankend ist. Beim erwachsenen Mann vergrößert sich der erigierte Penis gegenüber dem schlaffen Zustand ungefähr um sein Zweifaches. Von der Gesamtgröße gibt es jedoch starke Abweichungen. Viele Jungen und Männer machen sich darüber Gedanken, ob ihr Glied groß genug ist. Es ist ein verbreiteter Irrglaube, daß die Länge im Zusammenhang mit Körperbau, Hautfarbe oder sexueller »Leistungsfähigkeit« stehe. Auch hat die Größe des Gliedes nichts mit den sexuellen Lustgefühlen und den Möglichkeiten, dem Partner Lust zu bereiten zu tun. Viele Jungen und Männer wachen morgens mit einem steifen Glied auf. Manchmal entsteht diese Erektion durch den morgendlichen Blasendruck. Während du Sport treibst, kann die Reibung der Hose genauso wie Phantasien und Gedanken oder die bewußte Berührung zu einer

Geschlechtsorgane Vorderansicht

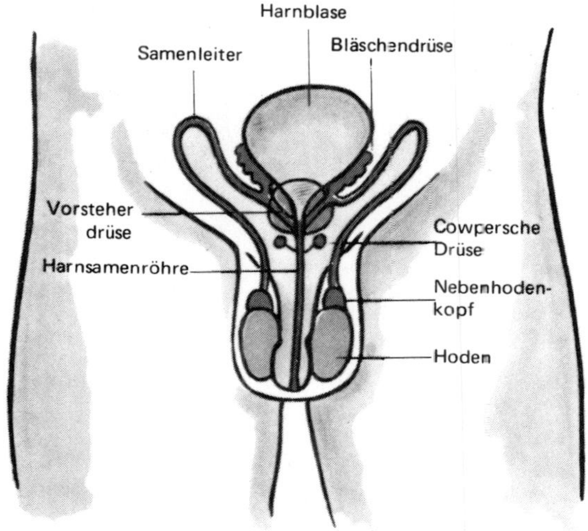

Geschlechtsorgane Seitenansicht

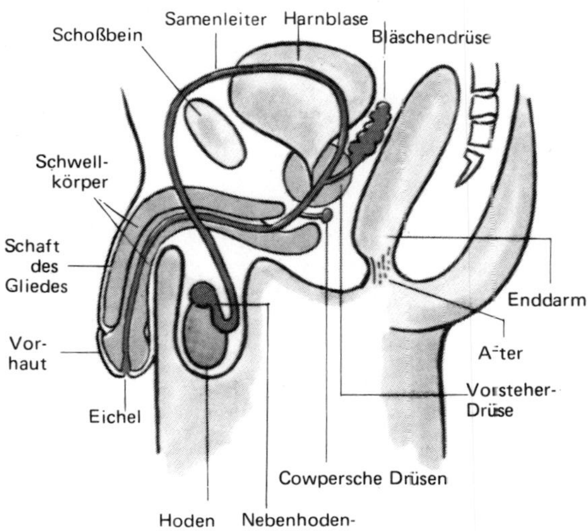

Querschnitt des Gliedes

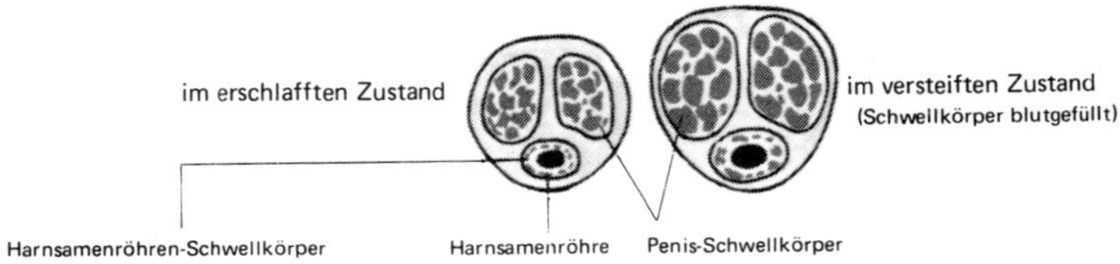

Versteifung (Erektion) des Gliedes und Weg der Samenfäden

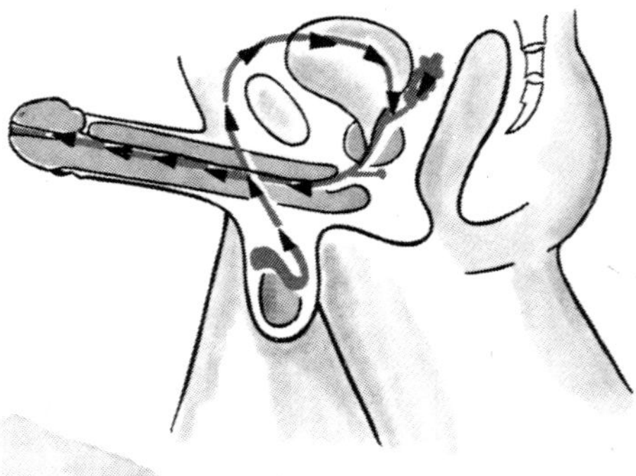

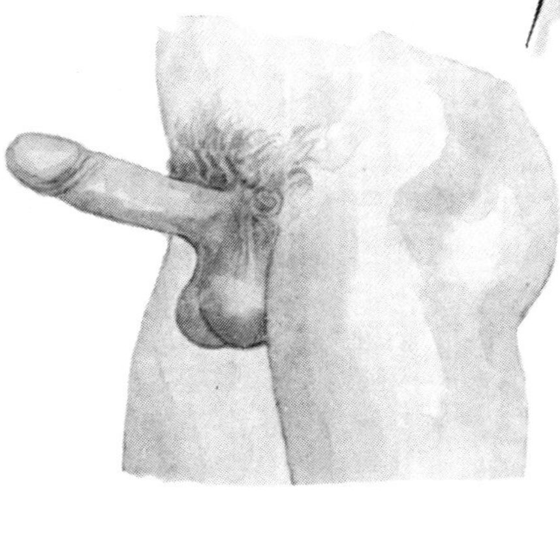

Erektion führen. Die Erektion deines Gliedes ist ein natürlicher Vorgang; du brauchst dich deshalb nicht zu schämen oder unsicher zu werden, auch dann nicht, wenn du meinst, daß sie im Moment unpassend wäre. Bei einer Erektion richtet sich das Glied auf und zeigt vom Körper weg. Dabei tritt die Eichel ganz unter der Vorhaut hervor und kann dicker werden als der eigentliche Peniskörper. Ihre glatte Oberfläche ist mit zahlreichen Nervenenden übersät, die äußerst berührungsempfindlich sind, insbesondere am Rand. Darum ist sie ein besonderes Lustzentrum beim Mann. Die Unterseite der Eichel ist durch ein Hautstück mit der Vorhaut verbunden. Die Vorhaut ist manchmal zu eng, das ist einer der Gründe für die Beschneidung. Sie besteht darin, daß man die Vorhaut operativ entfernt. Bei Juden und Moslems hat die Beschneidung religiöse Gründe. Aber sie wird inzwischen auch häufig unabhängig von der Religionszugehörigkeit vorgenommen. Beschneidung hat dabei keinen Einfluß auf die sexuellen Empfindungsmöglichkeiten des Mannes. Und noch eins: es gibt nichts, was dein Glied vergrößern könnte! Allen Prahlereien zum Trotz und entgegen allen Versprechungen von Vertretern oder Anzeigen in Zeitschriften läßt sich nichts an der Größe deines Gliedes ändern. Es ist lediglich Geschäftemacherei mit der Angst von Jungen und Männern, die glauben, ein kleiner Penis sei weniger männlich als ein großer. Doch das ist alles Unsinn; denn deine sexuellen Gefühle werden nicht durch die Größe deines Penis bestimmt.

Der Hodensack

Er enthält in der Hauptsache die Hoden. Man nennt ihn medizinisch auch *Skrotum*. Er hängt zwischen den Schenkeln an der Wurzel des Gliedes. Der Hodensack ist von der Farbe her dunkler gefärbt als deine Haut und enthält viele Schweißdrüsen. Innerlich ist der Hodensack in zwei Räume aufgeteilt mit jeweils einem Hoden und den dazugehörigen Samensträngen, die in die Bauchhöhle führen. In ihnen verläuft ein dünner Kanal, durch den die Spermien transportiert werden. Bei einer Sterilisation des Mannes werden diese durchtrennt. Außerdem enthalten die Samenstränge Muskeln, Nerven und Blutgefäße. Die Muskeln bewirken, daß sich z. B. bei niedrigen Temperaturen die Hoden dichter an den Bauch heranziehen, um eine gleichbleibende Temperatur zu behalten. Ähnlich reagiert auch die Haut des Hodensacks. Sie sieht dann dicker und faltiger aus. In diesem Sinne reagiert der Hodensack ähnlich wie ein Heizkissen, um eine gleichbleibende Temperatur für die Heranbildung der Spermien zu sichern. Diese Temperatur ist normalerweise etwas niedriger als die des übrigen Körpers.

Die Hoden
sind zwei ovale Körperformen von etwa vier Zentimeter Länge, die getrennt im Hodensack liegen. Meistens liegt ein Hoden höher als der andere, oft hängt der linke etwas tiefer. Die Hoden haben eine doppelte Funktion: erstens produzieren sie die Samenzellen, die dann durch ein System von Kanälen weitertransportiert werden, und zweitens produzieren sie Hormone, die dann unmittelbar in die Blutbahn abgegeben werden. Die Hoden sind sehr empfindlich gegen Stoß- und Schlageinwirkungen. Darum sollte man sie bei einigen Sportarten auch schützen. Denn ein harter Druck oder Schlag kann sehr schmerzhaft sein. Bei sexueller Erregung werden die Hoden, ähnlich wie bei niedriger Temperatur, durch Muskelzusammenziehung an den Körper herangezogen. Die Hoden bestehen aus einem dicht gewundenen Knäuel von Samenkanälen, an deren Innenwänden die Keimzellen liegen, aus denen durch mehrfache Teilung die reifen Samenzellen hervorgehen. Diese werden dann von den Samenkanälen in den Nebenhodengang transportiert, der über dem eigentlichen Hoden liegt. Dort bleiben sie liegen, bis sie bei einer Ejakulation ausgestoßen werden. Die ebenfalls in den Hoden gebildeten Hormone werden von dort direkt in die Blutbahn gegeben.

Die Nebenhoden (Epididymis)
liegen wie eine Kappe auf den Hoden. Sie nehmen die Samenzellen auf, die in den Hodenkanälchen gebildet werden. Die Sammelgänge haben die Form eines Wollknäuels und sind ca. 6 Zentimeter lang. Die Samenzellen benötigen mehrere Wochen, um durch die Sammelgänge zu wandern. – In dieser Zeit entwickeln sie die Fähigkeit zu schwimmen.

Die Samenleiter
sind zwei enge Röhren, die man medizinisch *Vasadeferentia* bezeichnet. Sie beginnen an den Nebenhoden und führen zur Prostata. Dort treffen die beiden Samenleiter auf die Harnröhre, die von dort aus die Weiterleitung der Samenflüssigkeit übernimmt. Die Harnröhre *(Urethra)* ist eine Röhre, die von der Blase bis zur Spitze des Gliedes führt. Sie dient vor allem der Ausscheidung des Harns und des Samens. In der Prostata teilt sich die Harnröhre auf in die beiden Samenleiter, die weiter zu den Nebenhoden führen und zu einem anderen Gang, der zur Blase weitergeht. An dieser Stelle ist eine Art Ventil, welches verhindert, daß sich Urin und Samenflüssigkeit miteinander verbinden.

Die Vorsteherdrüse (Prostata)
liegt im Unterbauch, ungefähr an der gleichen Stelle, wo beim Mädchen die Gebärmutter liegt. Sie hat die Größe und Form einer Kastanie und ist unmittelbar unter der Blase. Sowohl die Samenleiter als auch die Harnröhre führen durch sie hindurch. Sie produziert den größten Teil der Samenflüssigkeit, der hinterher bei der Ejakulation ausgestoßen wird. Bei einem Samenerguß verbindet sich der Samen, der in der Nebenhode produziert wird, mit den Flüssigkeiten, die in der Vorsteherdrüse und in den Samenbläschen entstehen. Diese Mischung nennt man Sperma.

Die Samenblasen
sind zwei Beutel, die sich am Ende der Samenleiter, kurz vor dem Übergang in die Prostata, befinden. In ihnen wird eine Flüssigkeit produziert, die zusammen mit der Flüssigkeit aus der Prostata die Beweglichkeit der Spermien gewährleistet.

Krankheiten

AIDS

In letzter Zeit hat das Thema *AIDS* große Wellen geschlagen, und vielleicht macht es auch dir Angst, daß du mit AIDS in Kontakt kommen könntest. In vielen Diskussionen und Beiträgen wurde fälschlicherweise zu stark betont, daß besonders Homosexuelle für diese Krankheit anfällig seien.
AIDS ist eine Infektionskrankheit, die durch das sogenannte »HTLV-III-Virus« hervorgerufen wird. Das Besondere an dieser Krankheit ist eine Störung der körperlichen Abwehrreaktionen. Heute kann man sagen, daß über den Kontakt mit dem AIDS-Virus hinaus weitere belastende Faktoren hinzukommen müssen, daß die Krankheit zum Ausbruch kommt. Das sind z. B. häufige Infekte (Herpes, Gelbsucht, Geschlechtskrankheiten), Mangelernährung, Drogen und Alkohol, UV-Bestrahlung.
Dabei kommt es zu einer Zerstörung oder starken Belastung der T-Lymphozyten. Das sind die weißen Blutkörperchen, die für die Abwehr von anderen Infektionen erforderlich sind. Übertragen werden kann das AIDS-Virus auf dem direkten Blutweg und durch enge Schleimhautkontakte. Angesteckt werden kann man auch von Menschen, die äußerlich unauffällig mit dem Virus infiziert sind. Der Erreger wird nicht durch normale Kontakte, wie z. B. Händedruck oder Anhusten, und auch nicht durch Schwimmen in einer Badeanstalt übertragen. Zum risikoreichen Personenkreis gehören:

- Homosexuelle Männer mit häufig wechselnden Partnern und Analverkehr
- Fixer, die gemeinsame Spritzen verwenden
- Heterosexuelle Intimpartner von angesteckten oder erkrankten Personen
- Einwanderer oder Reisende aus Haiti, Zentralafrika und der Karibik
- Hämophiliepatienten (Bluter)
- Neugeborene von AIDS-infizierten Müttern
- Empfänger von AIDS-infiziertem Blut

Was läßt sich noch zu der Krankheit und zum Krankheitsverlauf sagen? Bei einer Untersuchung auf das HTLV-III-Virus besagt ein positiver Befund, daß der Untersuchte mit dem AIDS-Erreger in Kontakt gekommen ist. Das bedeutet jedoch nicht, daß die Krankheit bereits aufgetreten ist oder auftreten wird. Er sagt lediglich aus, daß der Untersuchte infektiös ist und somit andere anstecken kann.
Die Inkubationszeit ist der Zeitraum zwischen der Ansteckung und dem Auftreten der ersten Krankheitssymptome. Sie kann bei AIDS zwischen sechs Monaten und fünf Jahren liegen und verläuft in verschiedenen Stadien:

Stadien	*Dauer*	*Symptome*
Latenz Inkubationsphase	6 Monate bis 5 Jahre	keine
Lymphknotenvergrößerung	3 Jahre	Für länger als 4–6 Monate mindestens zwei der Symptome: Nachtschweiß, Fieber, Gewichtsverlust, Leistungsabfall, Müdigkeit, Lymphknotenschwellung, Durchfälle, Hauteiterungen, Ausschläge, Milzvergrößerung
Manifestes Stadium	Mehrere Jahre	Wiederkehrende Infekte mit Erregern von Haut- und Schleimhautkrankheiten, Tumore der Lymphknoten, Netzhautschädigung, Störungen des Zentralnervensystems.

Vorbeugende Maßnahmen

1. Verhindern von Kontakt mit Blut, Sperma, Sekreten, durchfälligem Stuhl von mit dem AIDS-Erreger infizierten Menschen bzw. an AIDS erkrankten Menschen.
2. Bei Infektiosität Drogen, Alkohol, Intimkontakt, Geschlechtskrankheiten (und Gelbsucht) vermeiden.

Wenn du weitere Auskünfte über AIDS haben willst, dann wende dich an Gesundheitsämter oder entsprechende Beratungsstellen.
AIDS ist in den letzten Jahren zwar zu der bekanntesten »Geschlechtskrankheit« geworden, aber bei weitem nicht die verbreitetste. Unter dem Begriff Geschlechtskrankheiten versteht man solche, die durch Geschlechtsverkehr übertragen werden. In der Medizin gebraucht man präziser den Begriff »sexuell übertragbare Krankheiten«. Darunter versteht man im besonderen Gonorrhöe *(Tripper)* und Syphilis. Außerdem gibt es noch eine Reihe anderer Geschlechtskrankheiten, die ich allerdings nicht näher beschreiben möchte. Wie bei AIDS werden Geschlechtskrankheiten primär über die Schleimhäute der Geschlechtsorgane und des Mundes übertragen. Durch Türklinken, Toilettendeckel oder Badewasser ist eine Infizierung nicht möglich.
Geschlechtskrankheiten haben eine lange Geschichte; sie sind erst seit Mitte dieses Jahrhunderts heilbar. Jedoch halten sich die medizinischen Erfolge dabei in Grenzen, weil die gesellschaftlichen Einstellungen gegenüber Geschlechtskrankheiten für eine Weiterverbreitung sorgen. Lange Zeit interpretierte man Geschlechtskrankheiten als eine Strafe für sexuelle Zügellosigkeit. Das ist eines der vielen Märchen, die es im Bereich des Sexuellen gibt.
In den letzten Jahren läßt sich ein Ansteigen der Geschlechtskrankheiten beobachten, besonders bei Jugendlichen. Das hat unterschiedlichste Ursachen. Eine liegt darin, daß heute viele Jugendliche über Ursachen und Symptome der Geschlechtskrankheiten nicht informiert sind. Viele lassen sich aus Angst oder Scham nicht behandeln oder weil sie nicht wollen, daß ihre Eltern erfahren, daß sie sich angesteckt haben. Die Folgen sind sowohl für den einzelnen wie auch für seine Partner sehr schwer. Bei Geschlechtskrankheiten ist folgendes zu beachten:

- Geschlechtskrankheiten sind nach wie vor gefährlich
- Geschlechtskrankheiten können auch ohne Symptome auftreten
- Man kann gleichzeitig verschiedene Geschlechtskrankheiten haben

- Frühzeitig behandelt, können Geschlechtskrankheiten am ehesten geheilt werden
- Kostenlose Untersuchungen und Behandlungen werden von Gesundheitsämtern und manchen Kliniken angeboten
- Die Behandlungen unterliegen der ärztlichen Schweigepflicht
- Eine Selbstbehandlung, wie sie manchmal propagiert wird, ist zwecklos und gefährlich
- Geschlechtskrankheiten kann man immer wieder bekommen. Es besteht keine Immunität

Gonorrhöe

Gonorrhöe oder Tripper ist die häufigste Geschlechtskrankheit. Sie ist ernsthafter als die meisten Menschen glauben.
Die Zeit zwischen Ansteckung und Auftreten der ersten Krankheitsmerkmale liegt bei Männern zwischen zwei und zehn Tagen. Symptome sind Schmerzen und Brennen beim Wasserlassen und gleichzeitig auftretender grün-gelblicher Ausfluß. Bei der Frau dauert das Auftreten der ersten Symptome häufig etwas länger, wobei die Symptome ähnlich wie beim Mann sind: Brennen und Ausfluß. Wenn die Krankheit nicht behandelt wird, können die Anfangssymptome wieder verschwinden und sich im Körper verfestigen, was später zu eventueller Sterilität und Gelenkentzündung führen kann.

Syphilis

Syphilis ist die gefährlichste Geschlechtskrankheit. Ihr erstes Symptom ist der Primäreffekt, ein schmerzloses Knötchen oder ein kleines hartes Geschwür, das sich ca. sechs Wochen nach der Infektion an der Stelle bildet, an der der Krankheitserreger eingedrungen ist. Dieses Symptom heilt nach einiger Zeit ab, was manche fehldeuten und meinen, die Krankheit sei schon vorbei. In Wirklichkeit ist jedoch die Krankheit in ihr zweites, gefährlicheres Stadium getreten. Der Erreger ist bereits in die Blutbahn gedrungen und breitet sich im ganzen Körper aus. Etwa neun Wochen nach der Infektion tritt dann ein Ausschlag an den unterschiedlichsten Stellen am Körper auf. Hierbei kann es zu starkem Haarausfall kommen. Danach kommt das dritte Krankheitsstadium, das zwischen ein paar Monaten und mehreren Jahren andauern kann. Dabei braucht es über längere Zeit zu keinen auffallenden Symptomen zu kommen. Jedoch greift die Krankheit nun auf verschiedene Organe im Körper über. Es werden Gewebe zerstört, und es kann zu schweren Erkrankungen der Blutgefäße kommen, wie Blindheit, Lähmung, Gehirnschädigungen, die sogar zum Tod führen können.

Geschlechtskrankheiten sind besonders für Frauen während der Schwangerschaft gefährlich. Daher werden alle Frauen in der Frühschwangerschaft auf Syphilis untersucht.

Wenn du dich mit einer Geschlechtskrankheit angesteckt hast, geh bitte unbedingt zum Arzt und vermeide jeden weiteren geschlechtlichen Kontakt mit anderen.

3 Wir reagieren auf sexuelle Reize

Unsere Körper reagieren auf sexuelle Empfindungen. Das können erotische Gedanken, ein Film, Phantasien, ein Kuß, Streicheln oder anderes sein. Dadurch verändern sich an unserem Körper eine Reihe von Merkmalen, z. B. erhöht sich der Puls, der Blutdruck steigt, es schwellen bestimmte Organe an, Muskelbewegungen lassen sich feststellen, Drüsen scheiden Feuchtigkeit aus, und eine Reihe weiterer Anzeichen zeigen die steigende Erregung an, die dann unter Umständen mit dem Orgasmus endet. Diesen Vorgang nennt man *Erregungszyklus*. Er läßt sich in vier Phasen unterteilen. Sie dürfen für dich aber nicht als Maßstab aufgefaßt werden, weil die körperlichen Reaktionen nie gleich ablaufen; außerdem solltest du berücksichtigen, daß sie bei zwei Menschen niemals identisch sind, nicht einmal bei dir selbst bei zwei verschiedenen Gelegenheiten. Menschen sind eben keine Maschinen oder Roboter. Von daher sind diese Phasen nur allgemeine Beschreibungen von sexuellen Reaktionen. Du darfst also diese Zusammenfassung nicht als Norm, Vorbild oder Idealbild für sexuelles Verhalten verstehen.

Die Erregungsphase

Beim Mann kann die Erregungsphase ganz unerwartet und schnell auftreten; aber es kann auch sein, daß sie sich über eine längere Zeitspanne langsam entwickelt. Das auffälligste Zeichen dieser Phase ist die Erektion des Gliedes. Die drei Schwellkörper füllen sich dabei mit Blut, wodurch die Versteifung geschieht. Gleichzeitig werden die Hoden an die Bauchhöhle gezogen. In dieser ersten Phase steigt die Pulsfrequenz und der Blutdruck erheblich an. Bei

Erregungsphase

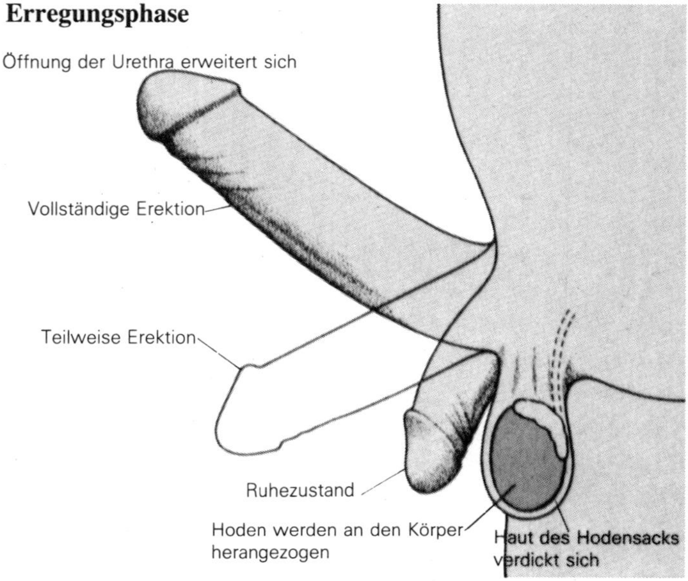

einigen Männern kommt es außerdem zum sogenannten *Sexflash-Phänomen,* das ist eine Hautrötung, die gewöhnlich am Bauch beginnt und dann auf Nacken, Gesicht, Schultern und Schenkel übergreifen kann. Ein anderes mögliches Phänomen bei Männern ist die Erektion der Brustwarzen.

Lange Zeit nahm man an, Frauen würden sexuell langsamer reagieren; jedoch ist diese Annahme falsch. Auch bei Frauen kann die sexuelle Erregung plötzlich auftreten. Das Feuchtwerden der Vagina ist das erste deutliche Zeichen sexueller Erregung. Die Wände der Scheide beginnen eine klare Flüssigkeit abzusondern, die sich über die gesamten Scheidenwände verbreitet. Diese Gleitflüssigkeit erleichtert später das Eindringen des Gliedes in die Scheide. Mit fortschreitender Erregung vergrößert sich die Vagina in Breite und Länge. Gleichzeitig schwillt auch die Gebärmutter an und zieht sich in den Unterleib hinein. Darüber hinaus ist eine Verfärbung der

Erregungsphase

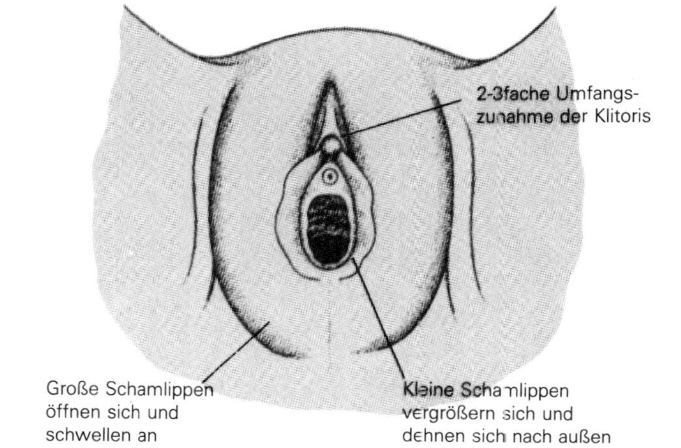

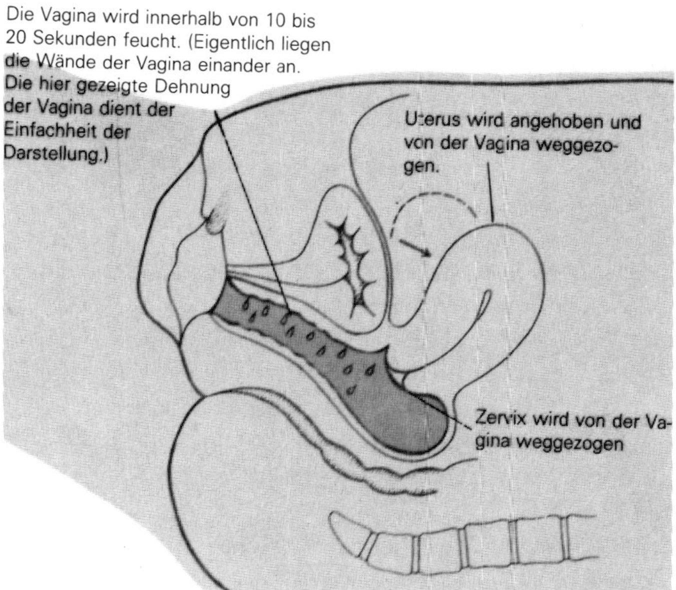

Scheide wahrnehmbar. Wenn eine Frau noch kein Kind geboren hat, flachen die großen Schamlippen bei sexueller Erregung ab und legen damit die Scheidenöffnung frei. Bei Frauen, die bereits Kinder geboren haben, verändert sich dieser Vorgang: die großen Schamlippen schwellen durch den Zufluß von Blut weiter an. Aber auch hier wird die Scheidenöffnung freigelegt. Die kleinen Schamlippen hingegen schwellen bei allen Frauen deutlich an und bekommen eine zunehmend rote Farbe. Indem die Schwellkörper sich mit Blut füllen, nimmt die Klitoris an Umfang und Größe zu. In der Erregungsphase erigieren außerdem bei den meisten Frauen die Brustwarzen. Puls und Blutdruck steigen an, bei vielen Frauen kommt es zum *Sexflash-Phänomen* in der Magengegend, auf Brust und Nacken.

Die Plateauphase

Das Wort *Plateau* weist darauf hin, daß ein bestimmter Grad an Erregung erreicht ist, der nun erhalten bleibt bis es zum Orgasmus kommt. Wenn es soweit ist, nehmen Frauen und Männer ihre Umgebung nur noch als nebensächlich wahr. Pulsfrequenz und Blutdruck steigen weiter an und die Atmung wird schneller.
Beim Mann verändert sich nun das versteifte Glied nur noch unwesentlich. Die Hoden dagegen werden merklich dicker und noch stärker an den Unterleib herangezogen. Die *Cowper-Drüsen* sondern einige Tropfen klarer Flüssigkeit ab, die aus der Harnröhre austreten können. Diese Flüssigkeit kann bereits Samenzellen enthalten. Das Sexflash-Phänomen verstärkt sich oder tritt jetzt erst auf.
Bei der Frau vergrößert sich die Vagina jetzt nur noch unwesentlich, während sich der vordere Teil der Vagina mit Blut füllt. Dieser Teil verengt sich hierdurch ungefähr um ein Drittel, wird stark durchblutet und wird auch als »orgastische Manschette« bezeichnet. Die großen Schamlippen dagegen verändern sich nicht mehr. Die Färbung der kleinen Schamlippen hingegen wird noch intensiver. Ist ein

Plateauphase

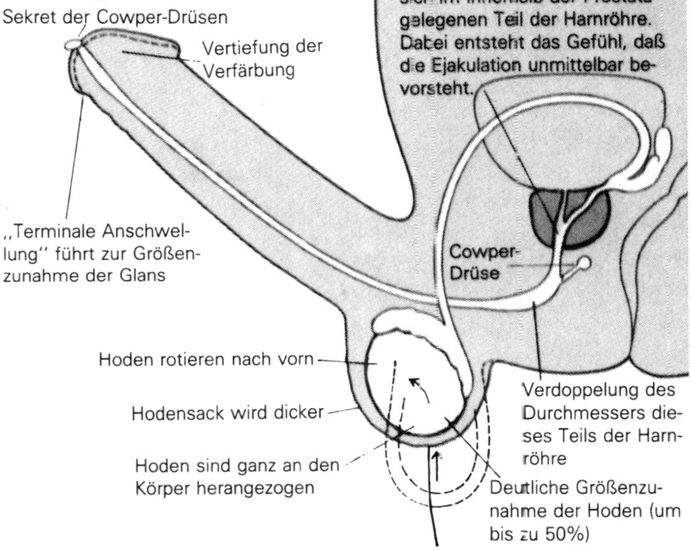

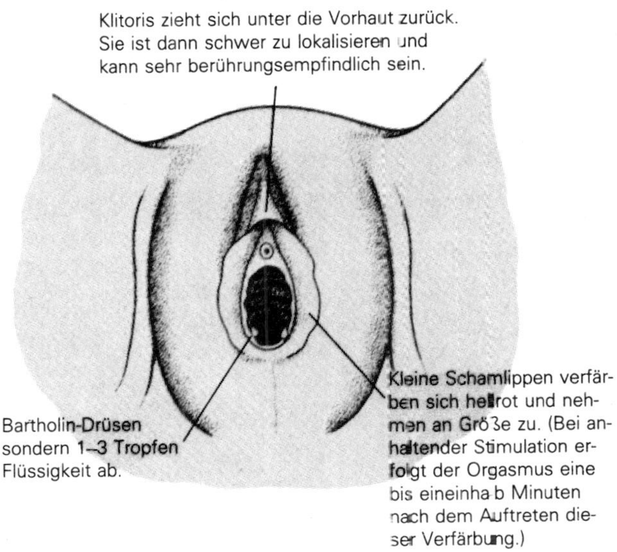

Plateauphase

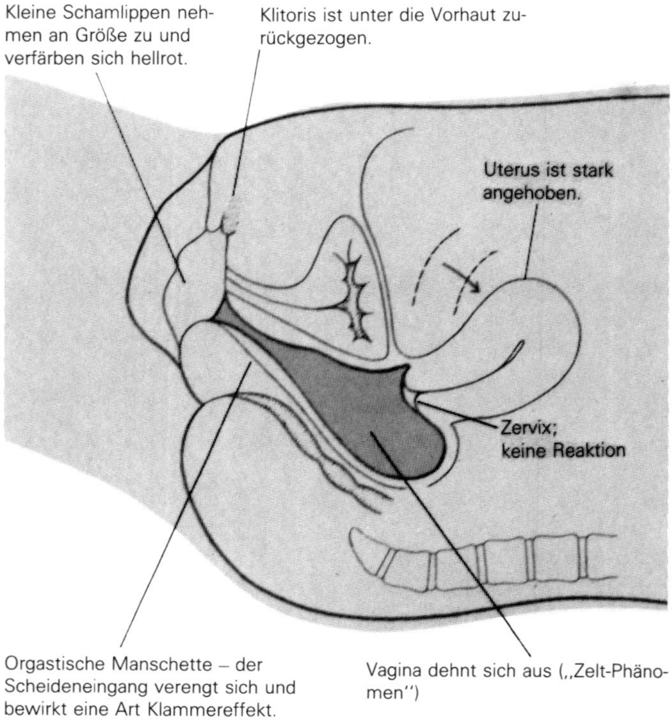

bestimmter Grad der Erregung erreicht, zieht sich die Klitoris unter ihre Vorhaut zurück und wird für die direkte Stimulation unerreichbar. Auch bei der Frau gibt es Drüsen – die *Bartholin-Drüse* –, die in der Erregungsphase etwas Flüssigkeit absondert. Die Brüste erreichen jetzt ihren größten Umfang, und das Sexflash-Phänomen, wenn es aufgetreten ist, wird intensiver.

Die Orgasmusphase

Beim *Orgasmus,* dem Höhepunkt der sexuellen Erregung und Muskelspannung, kommt es plötzlich zu einer Reihe von Muskelkontraktionen am Penis bzw. in der Scheide und an der Klitoris. Dieses Gefühl dauert meistens nur einige Sekunden. Durch den Orgasmus lösen sich die Körperspannungen, die sich vorher aufgebaut haben, das ist meistens ein sehr angenehmes Gefühl. Beim Orgasmus erleben viele ein Freiwerden von Energie, und das macht sich bei manchen in heftigen Bewegungen und Geräuschen, in denen die Lust zum Ausdruck kommt, bemerkbar. Den Orgasmus kann man auf vielfache Art und Weise beschreiben. Für viele ist es ein wohliger Wärmestrom, der den ganzen Körper erfaßt, für andere ein prickelnder Schauer, der den gesamten Körper durchläuft. Für andere wiederum ist es das Gefühl der Ausweitung des eigenen Körpers oder ein Gefühl von Verschmelzen und Auseinanderlaufen. Die meisten Menschen empfinden jeden Orgasmus anders, so daß man ihn eigentlich nicht eindeutig beschreiben kann. Beim Mann kommt es häufig gleichzeitig mit dem Orgasmus zur Ejakulation der Samenflüssigkeit. Der Orgasmus beginnt bei ihm mit rhythmischen und nicht steuerbaren Kontraktionen der Genitalgänge und der dazugehörigen Organe sowie des Gliedes selbst. Dabei liegen die ersten Kontraktionen nur wenige Sekunden auseinander. Danach werden sie schwächer und die Abstände länger. Dabei wird der Samen durch die Harnröhre in mehreren schnellen Schüben herausgeschleudert. Die Wucht, mit der die Samenflüssigkeit ausgestoßen wird, und die Menge der Samenflüssigkeit ist jeweils unterschiedlich und hat nichts mit der Intensität der sexuellen Gefühle zu tun. Allerdings sind diese Veränderungen und Bewegungen der Geschlechtsorgane nicht der einzige Ausdruck eines Orgasmus. Auch der übrige Körper ist mit einbezogen. So lassen sich die Kontraktionen auch an den Schließmuskeln wahrnehmen. Alle Muskeln sind in dieser Situation stark angespannt, die Atmung geht rascher, die Pulsfrequenz und der Blutdruck steigen noch weiter als in den beiden vorherigen Phasen an. Das darauf folgende Nachlassen dieser Spannungen ist ein charakteristischer Ausdruck für den

Orgasmusphase

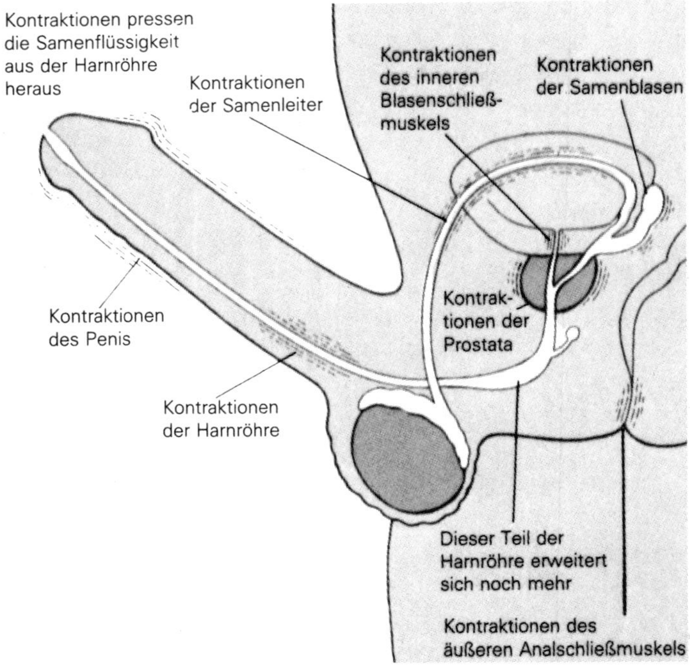

Orgasmus. Darum erleben viele Männer die Ejakulation der Samenflüssigkeit von geringerer Bedeutung als die Entspannung. Doch ein Weiteres ist wichtig: Orgasmus und Ejakulation sind zwei unterschiedliche Vorgänge. Es gibt Männer, die mehrere Orgasmen innerhalb kurzer Zeit haben können, ohne bei den Orgasmen zu ejakulieren, da vorübergehend keine Samenflüssigkeit mehr verfügbar ist. Allerdings ist es wichtig zu wissen, daß zumeist nur junge Männer innerhalb kurzer Zeit mehrere Orgasmen haben können. Oft brauchen Männer nach dem Orgasmus eine längere Regenerationsphase als Frauen.

Auch bei der Frau dauert der Orgasmus nur einige Augenblicke und wird zumeist als ein krampfartiger Anfall und als eine Reihe von

Orgasmusphase

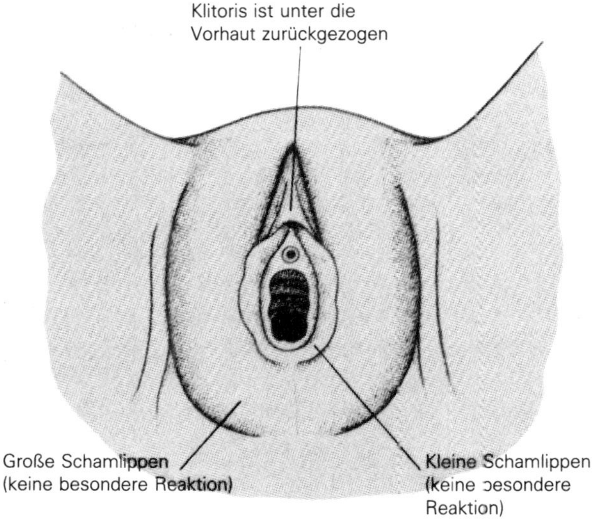

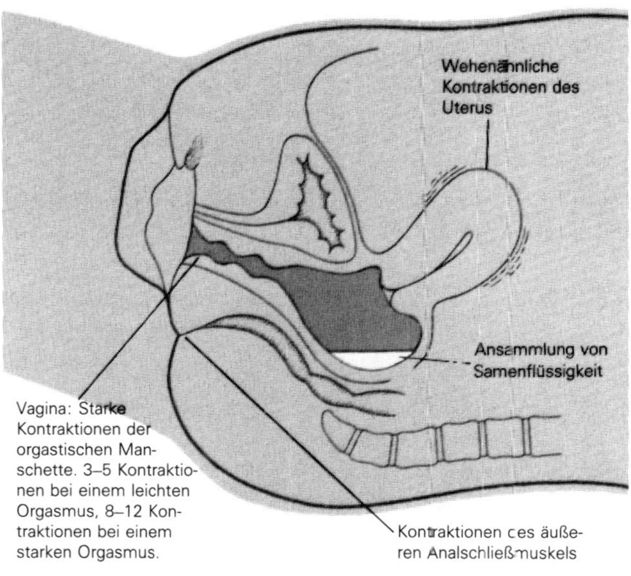

Zuckungen empfunden, die den ganzen Körper erfassen und denen die vollständige Entspannung folgt. Frauen sind wesentlich eher zu mehreren, aufeinander folgenden Orgasmen fähig. Das Grundmuster des Orgasmus beim männlichen und weiblichen Geschlecht unterscheidet sich kaum. Jedoch können Frauen Orgasmen auf sehr verschiedene Weise erleben. Bei manchen Frauen ist der Orgasmus eher kurz und sanft, bei anderen länger und heftiger. Eine Frau kann auch in sehr unterschiedlichen Situationen verschiedene Arten von Orgasmen erleben.

Physiologisch liegt jedoch allen das gleiche Muster zugrunde. Der Orgasmus beginnt mit heftigen, rhythmischen Kontraktionen im äußeren Drittel der Vagina, der sogenannten *orgastischen Manschette*. Sie wiederholen sich zu Beginn in Abständen von weniger als einer Sekunde, werden danach schwächer und erfolgen in größeren Abständen. Daneben beginnt sich die Gebärmutter zusammenzuziehen. Diese Kontraktionen sind recht unregelmäßig. Sie werden von vielen Frauen ähnlich erlebt wie Geburtswehen. Aber auch an anderen Muskeln werden Kontraktionen wahrgenommen, so an den Schließmuskeln, im kleinen Becken, an Nacken, Armen, Händen, Beinen und Füßen. Pulsschlag und Blutdruck steigen in dieser Phase nur noch geringfügig über das Niveau der Plateauphase an, die Atmung wird rascher.

Die Rückbildungsphase

Nach dem Orgasmus kehren die Geschlechtsorgane beim Mann in relativ kurzer Zeit wieder in ihren unerregten Zustand zurück. Die Rückbildung ist dafür das deutlichste körperliche Zeichen. Der hauptsächliche Rückgang der Erektion findet unmittelbar nach der Ejakulation statt. Das Sexflash-Phänomen nimmt ebenfalls rasch ab. Die Muskelspannung läßt nach, Atmung, Pulsfrequenz und Blutdruck normalisieren sich. Bei Männern tritt unmittelbar nach dem Orgasmus eine Phase sexueller Reizunempfindlichkeit ein. In dieser Phase ist keine Reaktion auf sexuelle Reize mehr möglich. Sie ist

Rückbildungsphase

Die Dauer dieser Phase ist der Länge der Erregungs- und Plateauphase proportional

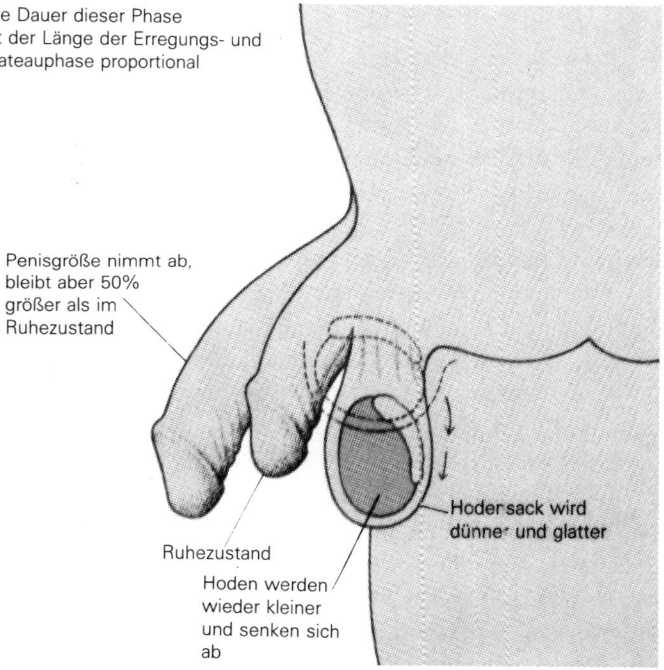

abhängig vom Alter des Mannes und nimmt gewöhnlich mit zunehmendem Alter zu. Bei der Frau benötigen die Geschlechtsorgane längere Zeit, bis sie ihren Ruhezustand wieder erreicht haben. Der Blutstau im äußeren Drittel der Scheide läßt rasch nach. Die großen und kleinen Schamlippen nehmen im Anschluß daran wieder die ursprüngliche Form an. Die Klitoris tritt unter der Haut hervor, und der Uterus kehrt zu seiner Normalgröße zurück. Damit verschwindet auch die Erweiterung der Vagina in ihrem zweiten Drittel. Das Sexflash-Phänomen, die Verhärtung der Brustwarzen und die Erweiterung der Brüste, geht ebenso zurück, wie sich die Pulsfrequenz, der Blutdruck und die Atmung normalisieren. Im Gegensatz zu Männern sind viele Frauen unmittelbar nach dem Orgasmus bei weiteren sexuellen Reizen wieder orgasmusfähig.

Viele Leute sprechen nicht von Orgasmus, sondern sagen »einen Höhepunkt haben« oder »Es kommt mir« oder sie gebrauchen andere Ausdrücke. Du kannst Orgasmus sowohl bei der Selbstbefriedigung bekommen als auch beim Geschlechtsverkehr oder auch beim Schmusen oder durch Phantasievorstellungen.
Aber auch wenn es das Wort Orgasmus nahelegt, muß der Mann oder die Frau dabei noch lange nicht immer zum Orgasmus kommen, und es gibt viele Jugendliche, besonders Mädchen, die berichten, daß sie Schwierigkeiten haben, Orgasmus zu haben. Vielleicht hat auch dich vieles, was in letzter Zeit über den Orgasmus geschrieben oder gesagt wurde, verunsichert und irritiert. Wenn man den Zeitschriften Glauben schenkt, meint man, man müßte immer zum Orgasmus kommen, wenn man mit einem Partner zusammen ist, natürlich immer gleichzeitig. Das ist Unsinn, und du solltest dich davon nicht unter Druck setzen oder beeinflussen lassen.
Die meisten Jungen können bereits bei den ersten Versuchen der Selbstbefriedigung einen Orgasmus haben. Du spürst es meistens sehr deutlich, indem aus dem steifen Glied die Samenflüssigkeit herausspritzt. Für viele Mädchen und Frauen ist es nicht so leicht, zum Orgasmus zu kommen. Daß dies so unterschiedlich ist, liegt zum einen ganz wesentlich am Körper selbst. Ein Junge sieht seinen Penis ständig, er berührt ihn öfter am Tag und ist durch die tägliche Reibung des öfteren in einem Vorstadium der Erregung. Ein weiteres Phänomen dabei ist allerdings auch die Erziehung. Jungen dürfen viel eher und stärker an ihrer Sexualität interessiert sein und sie ausprobieren als Mädchen. Mädchen wird ja landläufig noch beigebracht, daß sie diejenigen seien, die sich zurückzuhalten haben und die nur sehr bedingt ihre sexuellen Bedürfnisse offen äußern und ausleben dürfen. Andererseits ist gerade die Aufklärung beim Mädchen stark darauf ausgerichtet, daß Mädchen einmal durch ihre Scheide Babys gebären werden, aber nicht, daß die Klitoris auch dazu da ist, sexuelle Lust zu empfinden. Trotz dieses »Nachteils«, der durch die Erziehung den Mädchen immer noch anlastet, ist es für dich wichtig zu wissen, daß du fähig bist, Orgasmen zu erleben und zu erfahren. Bei vielen Mädchen und Frauen braucht es nur Zeit, bis sie ganz mit ihrer Sexualität vertraut sind und erfahren können,

Rückbildungsphase

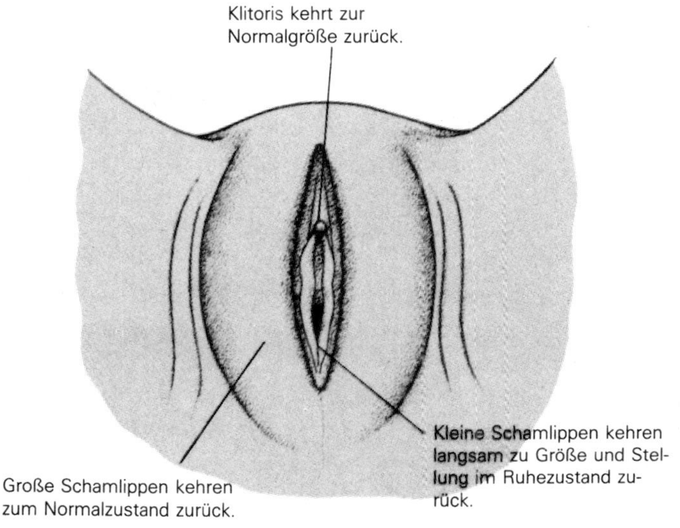

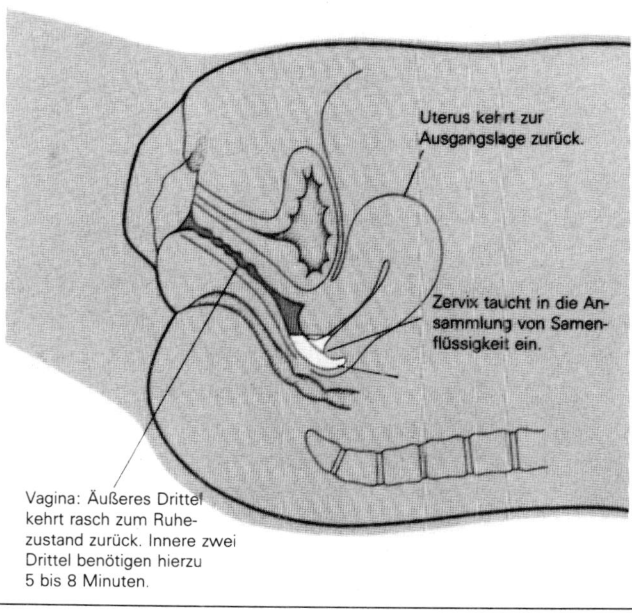

welche Möglichkeiten sie haben. Orgasmus ist die stärkste und intensivste Form des sexuellen Genusses. Aber du solltest dich nicht unter Druck setzen lassen, unbedingt immer einen Orgasmus haben zu müssen oder gar in den Wettlauf mit einzutreten, möglichst viele Orgasmen hintereinander haben zu sollen. Das verdirbt die größte Lust. Besser ist es, den Orgasmus als eine Art Geschenk anzusehen und ihn nicht erzwingen zu wollen. Mit dieser Einstellung, entspannt und locker zu sein, ist die Wahrscheinlichkeit auch viel größer, daß du einen Orgasmus haben wirst.

Ein anderes Phänomen, was heute viele belastet, ist die Ansicht, man müßte mit dem Partner immer gleichzeitig Orgasmus haben. Auch dieser Druck verhindert vielfach die Entspannung und das eigentliche Genießen-Können der Sexualität. Der gemeinsame Orgasmus ist sehr selten. Es ist zwar ein sehr schönes Erlebnis, aber genauso schön kann es sein, den Orgasmus des Partners bewußt mitzuerfahren und mitzuerleben. Darum möchte ich dir raten, dich nicht darauf zu trimmen, unbedingt immer Orgasmus und ihn auch immer gleichzeitig haben zu müssen. Wenn ihr euch davon befreien könnt, werdet ihr sicherlich viel Freude, Spaß und Lust dabei haben, wenn ihr miteinander eure Sexualität lebt und erfahrt.

Wenn ich bei Dir bin,
fühle ich mich leben.
Wenn ich bei Dir bin,
spüre ich mich ganz.
Wenn ich bei Dir bin,
weiß ich, wer ich bin.
Wenn ich bei Dir bin,
werde ich weich und zärtlich.
Wenn ich bei Dir bin,
beginne ich zu sehen.
Wenn ich bei Dir bin,
höre ich mehr.
Wenn ich bei Dir bin,
sage ich mehr von mir.

4 Zärtlichkeit mit jemandem, den ich mag: die Selbstbefriedigung

Lieb zu sich selbst zu sein, fällt vielen von uns schwer. Sich selbst zu verwöhnen, sich selbst was zu gönnen, gilt als egoistisch und wird abgelehnt. Dennoch unternehmen wir sehr viel, um anderen Menschen angenehm aufzufallen, um von ihnen geliebt und gemocht zu werden. Wir »machen uns schön«, verdecken die Pickel, kleiden uns nach der neuesten Mode, führen Abmagerungskuren durch, treiben Sport oder lassen uns body-bilden, wenden also viel Kraft und Energie auf, um bei anderen positiv aufzufallen. Manchmal geht das sogar so weit, daß darunter unser eigenes Selbstvertrauen und Selbstverständnis verlorengehen. Vielleicht sind wir in Wirklichkeit ganz anders. Dabei ist es viel wichtiger, etwas zu tun, was ich selbst mag und was mir Spaß macht und diese Aktivitäten nicht gleich darauf auszurichten, ob es den anderen gefällt.
Sich selbst etwas zu gönnen, sich selbst zu verwöhnen, dem eigenen Körper etwas Gutes zu tun ist wichtig, um eigene Zufriedenheit und Sicherheit zu bekommen. Die Wichtigkeit des Gefühls, daß du selbst okay bist, habe ich bereits weiter vorne beschrieben. Jetzt soll es mehr darum gehen, wie wir unseren Körper kennenlernen und ihm etwas Gutes tun können.
Sexualität wird oft nur in Zusammenhang mit Beziehungen und Partnerschaften gesehen. Das ist eine Eingrenzung der eigenen Sexualität auf das Geschehen mit einem anderen. Die Sexualität in einer Liebesbeziehung hat eine ganz besondere Qualität; sie bedeutet Sinnlichkeit, Erotik, Spannung, Lust. Das alles kann ich mit einem anderen erfahren, aber auch mit mir selbst. Sexualität bedeutet Lust und Gefallen am eigenen Körper zu haben. Eine gute Beziehung zu mir selbst, zu meinem eigenen Körper, erleichtert es mir, mich auch in einer Beziehung wohlzufühlen. Die Erfahrungen, mich auf mich selbst zu konzentrieren, mich selbst zu streicheln, empfindsame

Stellen zu spüren, Spannungen wahrzunehmen, meine Haut zu fühlen, mir schöne und angenehme Gefühle zu bereiten, all das sind Formen, mit mir selbst umzugehen.

Diese Art, sich mit sich selbst zu beschäftigen, sich selbst zu begegnen, nennt man Selbstbefriedigung oder auch Onanie oder auch Masturbation. Sie ist eine Form, die vor allem in der Pubertät stark verbreitet ist, um die eigene Sexualität zu leben. Ungefähr 80% der Jungen und 40% der Mädchen machen in der Pubertät diese Erfahrung mit ihrer eigenen Sexualität. Sie ist aber nicht nur auf die Pubertät beschränkt. Bereits bei kleinen Kindern kann man feststellen, daß sie sich selbst befriedigen, und auch bei älteren Menschen ist die Selbstbefriedigung eine Form, Sexualität zu erleben.

Lange Zeit sagte man, daß man von der Selbstbefriedigung schwachsinnig wird, Rückenmarkleiden bekommt oder blind wird. Und es gibt auch heute noch Jugendliche, die nicht wissen, ob Selbstbefriedigung nun schädlich ist oder nicht. In der Medizin ist man sich heute sicher, daß es keinerlei Verbindung zwischen Selbstbefriedigung und irgendeiner Art von Krankheit gibt. Andere Jugendliche glauben, daß zumindest die exzessive (d. h. übertrieben häufige) Selbstbefriedigung schädlich sei, weil angeblich die Leistungsfähigkeit in Schule und Beruf dadurch sinken würde. Bei der Selbstbefriedigung gilt sicherlich nicht der Grundsatz: »Je mehr, um so besser«; genauso wenig wie man sagen kann: »wer sich mehr als zweimal am Tag selbst befriedigt, ist krank.« Sondern es gibt nur Menschen, die sich mehr oder weniger häufig selbst befriedigen. Die Häufigkeit der Selbstbefriedigung hat keine direkte Auswirkung auf die Leistungsfähigkeit. Ja, es ist sogar eher möglich, daß Jugendliche, die ihre ganze Kraft darauf verwenden, um ihre sexuellen Wünsche zu unterdrücken und zu beherrschen, nicht so leistungsfähig sind. Dabei kommt es dann häufig zu einem Kreislauf der dauernden Enttäuschungen. Entwicklungshemmungen werden selten durch die Selbstbefriedigung ausgelöst, sondern meist durch die die Selbstbefriedigung begleitenden Schuldgefühle, die oft durch die Warnungen vor und Tabuisierungen der Selbstbefriedigung von Erwachsenen ausgelöst werden.

Nur wenn die Selbstbefriedigung für dich zu einem »Muß« wird,

dann ist etwas nicht okay. Dann kann sie eine Form sein, um deine persönlichen Konflikte zu verdrängen.
Eine solche Entwicklung kann dann dazu führen, daß du dich immer mehr auf dich selbst zurückziehst. Es muß aber nicht immer unbedingt der Fall sein, daß du damit eigene psychische Probleme verdrängen willst, wenn du dich häufiger selbst befriedigst. Genausogut kann es sein, daß du zur Zeit in einer Phase bist, in der deine sexuellen Gefühle und Bedürfnisse besonders stark und ausgeprägt sind. Du mußt selbst an dir prüfen, welche Motive für dich entscheidend sind, wenn du dich selbst befriedigst.
Grundsätzlich gilt für die Selbstbefriedigung, daß sie nicht dazu führen darf, daß du dich von anderen Menschen abschließt und dich zurückziehst. Ein anderes Problem ist, daß du, wenn du über Jahre hinweg nur eine sexuelle Befriedigung durch dich selbst gefunden hast, du einen ganz bestimmten Stil von Selbstbefriedigung entwikkelst. Das kann dann in einer Partnerschaft unter Umständen zu Problemen führen, wenn es dir nicht möglich ist, dich von diesem »Selbstbefriedigungsstil« zu lösen. Eine weitere Schwierigkeit ergibt sich vielleicht dadurch, daß Selbstbefriedigung eine »einfache und leichte« Form ist, um sich sexuelle Befriedigung und Entspannung zu verschaffen. In einer Beziehung ist Sexualität »anstrengender«. Eine Beziehung lebt davon, daß sich die Partner über ihre Sexualität unterhalten, über ihre Wünsche und Bedürfnisse sprechen und gegenseitig darauf eingehen. Es besteht die Möglichkeit, daß du dich in deiner Beziehung auf dich zurückziehst, wenn es in deiner Partnerschaft zu sexuellen Problemen kommt. Diese Schwierigkeiten müssen sich natürlich nicht ergeben, sie können auftreten, und du solltest darum auf die Zeichen deines Körpers und deines Gefühls achten, wenn du eine solche Tendenz feststellst.
Um bei Problemen zu bleiben: Ein anderes ergibt sich mit der Selbstbefriedigung in Beziehungen. Manchmal ist es dem Partner unverständlich, und er reagiert dann häufig entsprechend sauer, wenn er erfährt, daß du dich »immer noch« selbst befriedigst. Die Selbstbefriedigung hört natürlich nicht auf, wenn du in einer Beziehung lebst. Auch unter »gut verheirateten« Eheleuten kommt Selbstbefriedigung vor. Vielfach ist Selbstbefriedigung dann ein Aus-

gleich, wenn der eine Partner einmal weniger sexuelle Bedürfnisse hat, bei zeitweiliger Trennung oder Krankheit. Wenn die Selbstbefriedigung in deiner Beziehung und Freundschaft zum Problem wird, ist es wichtig, daß ihr beide offen darüber redet, warum für dich die Selbstbefriedigung wichtig ist und daß der andere deutlich machen kann, warum gerade dies ihn kränkt. Ihr werdet in einem offenen Gespräch dann sicherlich zu einer Lösung kommen, wie ihr damit umgeht. Nur solltet ihr diese Frage nicht voreinander verheimlichen. Denn obwohl die Selbstbefriedigung eine Form der Zärtlichkeit mit sich selbst ist, ist sie auch ein Teil eurer Beziehung.

Selbstbefriedigung bedeutet, daß du dich mit dir selbst beschäftigst. Es ist eine Möglichkeit, dir selbst angenehme Gefühle zu bereiten, dich selbst zu lieben und zärtlich zu dir zu sein. Es hilft dir, mit deinen sexuellen Körperreaktionen vertraut zu werden, die empfindlichen Stellen deines Körpers kennenzulernen, deine Empfindungen zu erspüren und mit ihnen zu leben. Die Selbstbefriedigung ist ein Teil deiner Beziehung zu dir selbst, zu deinem Körper, zu deiner Körperlichkeit. Natürlich befriedigt sich nicht jeder selbst. Viele Menschen haben es noch nie gemacht und möchten es auch nicht. Wenn du selbst keinen Wunsch danach hast, bedeutet das nicht, daß du niemals Freude an der Sexualität haben könntest oder daß mit dir etwas nicht stimmt. Menschen sind unterschiedlich und haben verschiedene Bedürfnisse in unterschiedlichen Situationen und zu verschiedenen Zeiten. Es gibt kein: »Das mußt du aber tun«, oder: »Bis zu einem bestimmten Alter mußt du aber...«

Du sollst auch nicht denken, du müßtest dich sexuell betätigen, nur weil du glaubst, daß andere es auch tun oder weil du dich unter Druck gesetzt fühlst. Richte dich lieber danach, ob du und wann du es für dich willst. Dein eigenes Gefühl, deine Wünsche, sollten der Maßstab für dich sein, ob du dich selbst befriedigst.

Bei Jungen ist die Selbstbefriedigung stärker verbreitet als bei Mädchen. Das bedeutet aber nicht, daß Mädchen keine sexuellen Wünsche oder Gefühle haben. Es hängt vielmehr mit dem Unterschied der Körperlichkeit von Mädchen und Jungen und mit der Erziehung zusammen. Jungen dürfen als kleine Kinder viel eher einmal ihren Penis berühren als Mädchen ihre Scheide.

Bei Jungen ist nicht nur die Selbstbefriedigung mehr verbreitet, Jungen reden auch mehr darüber. Dies geschieht allerdings oft nur in Witzen oder blöden Sprüchen. Dabei hast du, wenn du dabeistehst, vielleicht des öfteren das Gefühl, daß das, was du tust, nicht schön ist oder daß es etwas Hartes und Brutales ist. Denn die Ausdrücke, die viele Jungen für die Selbstbefriedigung gebrauchen, haben einen brutalen Unterton. Sie reden von »sich einen runterholen«, »wichsen«, »hobeln«, »abfingern«, »orgeln«. In diesen Ausdrücken wird gar nicht deutlich, daß Selbstbefriedigung ja auch eine Form sein kann, mit sich selbst zärtlich zu sein. Bei vielen Jugendlichen drücken sich durch die Witze und Sprüche ihre Unbeholfenheit und Hemmungen aus. Bei manchen wird auch ein Stück von ihrem »schlechten Gewissen« deutlich. Für andere ist es Angeberei, Großtuerei und Protzerei, wie oft sie sich befriedigen können oder wie groß ihr Glied ist etc. Auf all diese Sprüche solltest du nicht viel geben. Laß dich dadurch nicht beeindrucken und dir nicht die guten Gefühle nehmen, die du bei der Selbstbefriedigung empfinden kannst, wenn du das Alleinsein mit dir selbst genießt und dich ganz deinen Phantasien und Träumen hingibst.

Über Selbstbefriedigung zu reden, über das, was da geschieht, über deine Träume und Phantasien, die du dabei hast, ist nicht leicht. Aber das Darüber-Sprechen kann für dich eine große Erleichterung sein. Von Freundinnen und Freunden zu hören, wie es ihnen mit der Selbstbefriedigung geht, kann dir die Sorge nehmen, du seiest mit deinen Problemen alleine.

Selbstbefriedigung fördert die Entfaltung der Sexualität und deiner Gefühle. Durch die Phantasien beginnt das sinnliche Zugehen auf den anderen. Die Körperlichkeit des anderen, besonders seine Geschlechtlichkeit, wird in der Phantasie mit der eigenen Sexualität und Lust verknüpft. Darüber hinaus wirst du dir durch die Selbstbefriedigung deiner Weiblichkeit und Männlichkeit stärker bewußt, und du erfährst die Vielfalt deiner körperlichen Ausdrucksfähigkeit.

Wenn du dich selbst befriedigst, brauchst du kein schlechtes Gewissen zu haben. Es ist eine von vielen Möglichkeiten, deine Sexualität zu leben und dich zu erleben. Wenn du dich nicht selbst befriedigst, brauchst du ebenfalls kein schlechtes Gewissen zu haben oder dich als unnormal zu empfinden. Jeder Mensch entwickelt im Laufe seines Lebens unterschiedliche Formen, mit seiner Sexualität umzugehen, mit ihr zu leben und mit sich glücklich zu sein.

Ich
Ich werde werden
werden werde ich
werde ich werden
ich werde ich
werde ich Ich?

5 In echt ist es anders als im Film

Du hast sicherlich auch schon eine Reihe von Liebesfilmen im Fernsehen oder im Kino gesehen. Mir fällt bei den meisten dieser Streifen auf, daß die Szenen, in denen Liebespaare zu sehen sind, nur wenig mit der Realität zu tun haben. Meistens haben alle Schauspieler einen Körper, der aussieht, als ob er gemalt wäre, und er entspricht immer gerade der gängigen Modevorstellung. Sie haben die idealen Maße, tolle Muskeln und sehen so aus, daß man sofort auf sie anspringt. Daß die Leute im Film so toll aussehen, kann man ihnen ja nicht vorwerfen. Aber leider werden diese Liebespaare, ihre Vorstellungen und Lebensweisen, die dort sichtbar werden, vielfach zu unserem eigenen Maßstab. Das bereitet uns dann in vielen Situationen in unserem Alltag Schwierigkeiten. Du bist eben nicht die Monroe oder James Dean, nicht der Manager der Serie »Hotel« oder seine Mitarbeiterin oder sonst irgendein Schauspieler, sondern eben du selbst. Dein Körper ist vielleicht nicht ganz so vollendet wie diejenigen, die du auf der Leinwand siehst. Du hast nicht die strammen Muskeln, die tadellose Figur, die glänzenden Haare, die langen Beine, den vollendeten Busen etc. Um so wichtiger ist es, daß du dich so annimmst wie du bist und dich über die Vorstellungen, die dir von außen vorgesetzt werden, hinwegsetzt. Wer sagt denn, wie Mädchen und Jungen auszusehen haben?

Diejenigen, die diese Idealbilder propagieren, wollen letztlich nur ein Geschäft mit uns machen, wollen uns irgendwelche Mittelchen aufschwatzen, um Sommersprossen zu verdecken, Pickel zu übertünchen, Muskeln zu straffen, Busen zu vergrößern, sexuelle Potenz zu steigern etc., oder sie wollen uns einreden, in dieser Hosenmarke sähen wir aus wie der und der Schauspieler, oder die Bluse von der

Firma X mache mein Äußeres vollendet. Oder aber wenn ich das Parfüm oder das Deo nehme, dann drehen sich alle Männer nach mir um, und wenn ich die Zigarette rauche, wirke ich unheimlich männlich auf meine Umwelt. Alles Quatsch und reines Geschäft. Fall nicht darauf herein. Mit diesen Mitteln versucht man den Konsum anzukurbeln, und du selbst degradierst dich damit selbst zum Markenartikel. Versuche nicht jemanden nachzuäffen, sondern versuche, du selbst zu sein.

Die Schönheitsideale, die im Film, in den Modezeitschriften oder im Fernsehen unters Volk gebracht werden, sind alle nur relativ. Sie haben nur begrenzte Zeit Gültigkeit. Aber du selbst zu sein, das ist ein Maßstab, der immer Gültigkeit hat. Die Griechen z. B. bestaunten die Form eines jungen, muskulösen Männerkörpers mehr als die Formen einer schönen Frau. Das steht ganz im Gegensatz zu unseren heutigen Vorstellungen. Über Jahrhunderte hinweg galten mollige Rundungen als weibliches Schönheitsideal. Auch das ist anders geworden, und unser heutiges Schönheitsempfinden wird sicher auch nicht immer Gültigkeit haben. Die Vorstellungen über das, was an einem Körper oder wann ein Körper schön ist, verändern sich. Noch schneller verändern sich die Vorstellungen bezüglich der Kleidung. Die Modetrends, was »Frauen« oder was »Männer« tragen müssen, wechseln rasend schnell, und sie gehen auf unsere Kosten. Da ist mal das und mal jenes modern, je nach der Vorstellung der Modeschöpfer, und wir sollen möglichst alles nachäffen. Schönheit und Attraktivität aber hängen von anderen Faktoren ab als von Idealmaßen eines Körpers oder einer möglichst modischen Kleidung, die man »zu tragen hat«. Schönheit schließt den ganzen Körper ein, nicht nur einzelne Körperteile. Sie ist geprägt von der Einheit von Körper und Geist, vom Besorgtsein um das eigene körperliche Wohl, von Selbstannahme und der Offenheit für andere.

Aber wir übernehmen noch etwas anderes aus Liebesfilmen im Fernsehen und Kino. In den Filmen klappt in den Beziehungen meist alles wie am Schnürchen. Die Beziehungen laufen ohne größere Konflikte und Streitereien ab. Und natürlich treffen sich auch immer die Partner, die sich wollen, und es gibt auch nie Schwierigkeiten, die nötigen Kontakte dafür zu knüpfen. Supermann und Superfrau suchen und finden einander. Und wenn die beiden dann zärtlich miteinander sind, läuft wieder alles wie geschmiert. Oder hast du schon einmal gesehen, daß sich zwei Nasen beim Küssen in die Quere kamen, daß eine Brille drückte, daß Kontaktlinsen herausfielen und gesucht werden mußten, daß Betten quietschten oder daß plötzlich der kleine Bruder in der Tür stand etc.? Wenn die beiden dann ins Bett gehen, haben sie auch immer gleich die bequemste Position gefunden. Oder hast du schon einmal in einem Film ein Liebespaar hin- und herrutschen sehen, um die ideale Position zu finden? Ich habe noch nie gesehen, daß einem Partner beim Schmusen der Arm einschlief oder einer auf den Haaren des anderen lag oder gar, daß jemand aufstehen mußte, um zur Toilette zu gehen, daß einem der Magen knurrte oder daß einer der Partner zu müde war. Auch hört man nie, daß einer mal sagt: »Entschuldige, aber ich muß erst mal mein Kondom überstreifen oder mein Diaphragma einführen.« Oder daß man darüber geredet hat, daß man ein Verhütungsmittel anwenden müßte, um eine ungewollte Schwangerschaft zu verhindern.

Wenn es doch mal so ist, dann werden die Liebenden entweder als Trottel oder bewußt als Komiker gezeigt. Entweder Helden oder Idioten, aber nichts Normales, nichts dazwischen, und wer will schon Idiot sein. Nur wenige von uns wollen sich mit Woody Allen identifizieren, sondern eher mit dem strahlenden Liebhaber oder der schönen und verführerischen Liebhaberin. Über Komik wird nur gelacht, das andere aber wird Beispiel und Vorbild.

Im Film klappt eben alles perfekt. Dort ist alles romantisch, alles abgerundet. In Wirklichkeit aber ist alles anders, und mit diesem Anderssein mußt du klar kommen und nicht mit der perfektionierten Romantik im Film. In der Wirklichkeit mußt du versuchen, die Schwierigkeiten, die im Film nicht auftreten, zu meistern. Aber ich finde, gerade die machen eine Liebesbeziehung schön und interessant. Dein Partner hat vielleicht nicht die vollendete Figur, oder er entspricht nicht den absoluten Schönheitsvorstellungen. Und beim Küssen kann es auch interessant sein, wenn sich die Nasen der Partner einmal in die Quere kommen, anstatt daß alles wie geschmiert läuft. Es kommt darauf an, die Alltäglichkeiten, die manchmal die Romantik etwas stören, schätzen zu lernen. Auf keinen Fall solltest du dem Partner vorwerfen, daß er eben nicht so ist wie die Strahlemänner im Film, daß er die Romantik kaputtmacht, nicht so zärtlich ist oder zuvorkommend. Laß dich durch die Scheinwelt des Films nicht blenden. Du bist für dich verantwortlich und dafür, daß es in deiner Beziehung so wird, wie es für dich am schönsten ist. Warte nicht darauf, daß der Partner dir von den Augen abliest, wie es in Liebesfilmen so oft geschieht oder in Romanen geschildert wird, sondern sei selbst aktiv und gestalte die Beziehung nach deinen Vorstellungen.

Das »Miteinander-Schlafen« scheint im Film oft Ewigkeiten zu dauern, die Erektion des Mannes und die Erregung der Frau scheinen kein Ende zu nehmen. Und natürlich haben beide einen »unheimlichen« Orgasmus und kommen von einem zum nächsten Höhepunkt, ohne sich ausruhen zu müssen. Das »Miteinander-Schlafen« wird zum Leistungssport, und natürlich strengt es die beiden auch nicht an und zudem sehen sie hinterher immer noch wie geschniegelt aus. Die Sexualität ist schön; Erotik, Befriedigung – alles ist da, es ist eben ein Film. In echt ist es aber oft anders. Nicht immer gibt es den großen Orgasmus, die totale Befriedigung, so ein rundes und schönes Gefühl von Geborgenheit und Angenommensein. Da kann es schon einmal zu zwiespältigen Gefühlen kommen, zu Unzufriedenheiten und Konflikten. Menschen sind keine Maschinen, und ein Paar besteht aus zwei unterschiedlichen Menschen, die nicht im Gleichschritt funktionieren. Da passiert es schon einmal, daß einer mal keine Lust hat oder krank ist. Diese Situation wird leider im Film selten oder überhaupt nicht dargestellt.

Auch das Happy-end ist »in echt« oft anders als es im Film gezeigt wird. Die eigenen Tränen bei einer Trennung tun mehr weh als die auf der Leinwand, der Schmerz dauert länger, und der neue Partner wartet auch nicht gleich an der nächsten Ecke. Ich gestehe ja, daß es auch andere Filme gibt, wo es fast so ist wie im täglichen Leben. Das sind dann meist Problemfilme. Nur sieht man dann leider so manches Mal vor lauter Problemen nichts mehr von der Leichtigkeit und Schönheit des Verliebtseins. Aber ich will nicht nur nörgeln; es gibt

auch Filme, die brauchbar sind und von denen man eine Menge lernen kann.
Und in den Zeitschriften des bundesdeutschen Pressemarktes geht es weiter mit dem Maßnehmen an anderen »Maßen«. Da ist es egal, ob es sich um »Bravo«, »Mädchen«, »Brigitte«, »Freundin«, »Petra«, »Praline«, »Wochenend« etc. handelt. Das Angebot in den Zeitschriften reicht von der pflegeleichten Partnerschaft über attraktive und anpassungsfähige Frauen, starke Männer, der Ausbildung zum ›Sexualingenieur‹, effektivem Sex bis zur ›schmerzlosen‹ Trennung. In den gängigen Jugendzeitschriften »Bravo« und »Mädchen« z. B. werden uns die Popstars traumhaft schön, idyllisch und erstrebenswert präsentiert. So richtige Vorbilder für uns, und natürlich wird nicht vergessen, daß die notwendigen Produkte erscheinen, die es ermöglichen, uns wie Stars zu fühlen. Da findet man dann die passende Hose und das passende Parfüm, um ähnliche Attraktivität auszustrahlen. Nur daß man in der Hose immer noch einen zu dicken Hintern hat und noch lange nicht so aussieht wie die Frau in der Reklame, und das Parfüm wirkt bei mir eben doch nicht so wie man es uns verkaufen möchte.
Natürlich gibt es in diesen Zeitschriften auch die Problem- und Aufklärungsseiten. Dort ist es meistens ganz einfach: Siehst du vernünftig aus? Oder bist du zu groß? Oder zu klein? Bist du genug behaart? Weißt du, wie man flirtet? Mädchen wollen erobert werden! Wie steht's mit dem Sex? Muß ich noch warten? Darf ich ein Mädchen abschleppen usw.? Was außer Sex in einer Freundschaft laufen kann, wird meist nicht beschrieben.
Ein besonders beliebtes Objekt für Werbung und den Zeitschriftenmarkt sind Frauen. Sie werden für die Männer verpackungsgerecht angeboten. Fast überall in Werbeanzeigen, Modezeitschriften usw. findet sich ein klar strukturiertes Bild der Frau. Frauen sind sexy, wollen Männer anmachen, sind anspruchsvoll in bezug auf Kleidung und Schmuck, ein bißchen dämlich, stark anpassungsfähig, unselbständig und brauchen natürlich einen Mann, der sie führt. Und damit die Frau dieser Rolle auch gerecht werden und sich so richtig schön anpassen kann, gibt es die nötigen Hinweise, daß die meisten Frauen zwar kleine Mängel haben, daß man diese Mängel aber mit den

richtigen Produkten entsprechend beheben kann. Die Frau ist nicht schön genug, also braucht sie Kosmetika. Hat sich Fett angesammelt, wo angeblich keins hingehört, ist eine Schönheitsoperation fällig, und das Fett wird abgesaugt. Vielleicht stört das Doppelkinn, oder die Nase ist zu kurz, der Busen hängt und muß gehoben werden, oder man ist einfach etwas zu schwer und muß daher dementsprechend Diät halten, um abzunehmen. Aber nicht genug damit. Ein anderes Parfüm ist notwendig, um den Mann anzumachen, neue Kleidung muß her, um attraktiv und adrett auszusehen. Und eins ist in fast allen Zeitschriften gleich: Irgendwie wird immer das Gefühl vermittelt: »So wie du bist, bist du nicht richtig, du mußt deinen Typ entsprechend verändern.« Darauf fahren wir ununterbrochen ab. Die Zeitschriften und Werbespots der Reklamesendungen, die uns täglich überfallen, wollen uns ein ganz bestimmtes Bild von Frauen einprägen und versuchen, ihre Produkte durch mehr oder weniger sexualisierte Andeutungen anzupreisen. Ob es da nun heißt: »Ich trinke . . ., weil ihn mir meine Frau eingepackt hat, statt des Fallschirms«, oder »Ich trinke . . ., weil bei mir alle Männer die Kurve kratzen wollen«, oder wie in der Werbung einer Firma für Unterhaltungselektronik, die ihre Geräte mit Frauen vergleicht. »Spielzeug für Männer . . . diese Geräte haben mit Mädchen manches gemeinsam, handlich, immer wieder bespielbar und stets bereit.« Oder ein Parfüm, das mit: »Ein bißchen Unvernunft steht jeder Frau« Reklame macht; oder »Gaby S. mag's extravagant, auch im Auto.« »Eine . . . Orgel ist wie eine schöne Frau . . . geschmackvoll und sensibel. Sie heißen Nicole, Angela, . . . Jede . . . Orgel hat, was Männern Spaß macht: jede hat Rhythmus im Leib, jede ist eine angenehme Gefährtin, jede ist wohlproportioniert, jede hat Chic, jede ist repräsentativ.« Oder ein anderer Werbespruch: »Die beste Visitenkarte für einen Mann ist immer noch eine schöne Frau.« An eindeutiger Vieldeutigkeit fehlt es keiner Reklame. Die Frauen sind jedenfalls dabei immer die Dummen.

Es heißt also aufpassen und sich nicht einwickeln lassen von den Zeitschriften, Werbeannoncen, Reklamen etc., die unser Bild vom Frausein und Mannsein prägen und uns dauernd einreden wollen, wir wären, so wie wir sind, nicht okay.

Liebe ist (wie) . . .

... eine Quelle

... das Leben

... Fallschirmspringen

... möglich

... ein Sprung ins kalte Wasser

... eine Geburt

... schweben auf einer Wolke

... der Frühling nach einem harten Winter

... ein warmer Ofen

... unheimlich anstrengend

... ein Haus mit vielen Zimmern

... die schönste Sache der Welt

... wie der Übergang von der Nacht zum Tag

... ein Feuerwerk

... ein Buch mit vielen Seiten

... Geborgenheit

... der Anfang eines neuen Lebens

... ein Baum – er verändert sich ständig

... auch Schmerz und Trauer

Zeit
Stunden, die ich mag,
nach denen ich mich sehne,
die ich brauche,
die mir das Gefühl geben,
wirklich zu leben.
Stunden, die ich mag,
in denen ich mich ganz spüre,
von den Haaren
bis in die Zehen,
meinen Kopf,
den Bauch, das Herz.
Stunden mit Dir.

6 Ein bißchen lesbisch, ein bißchen schwul

Homosexualität gehört bei uns immer noch zu den Themen, auf denen der Nebel des Tabus liegt, über die man nur hinter vorgehaltener Hand spricht, über die man sich am Biertisch lustig macht, für die man Schimpfworte gebraucht, oder von denen man glaubt, es sei unnormal, so zu sein. Ein homosexueller Mensch ist eine Frau oder ein Mann, der sich vom gleichen Geschlecht angezogen fühlt, d. h. also eine Frau, die sich eher zu Frauen, und ein Mann, der sich mehr zu Männern hingezogen fühlt. Vielleicht hast du selbst auch schon irgendwann einmal zärtliche Gefühle gehabt für einen Menschen deines Geschlechts, oder dich in jemanden verliebt oder bewundert, der das gleiche Geschlecht hatte wie du. Das geht vielen Menschen so, und viele Menschen haben auch homosexuelle Phantasien oder Träume.

Dir ist sicherlich auch klar, daß Sexualität mehr ist, als wenn ein Junge und ein Mädchen miteinander Geschlechtsverkehr haben. Sexualität ist in unserem Leben da, von morgens bis abends, von der Kindheit bis ins hohe Alter. Sexualität ist ein Gefühl zu sich selbst, zum eigenen Körper. Sexualität ist ein Gefühl, das sich auf andere bezieht und ausrichtet. Sexualität und Erotik sind beim Sport genauso da wie beim Tanzen oder beim Zusammensein mit Freundinnen und Freunden in der Clique. Auch die Zuneigung zu jemandem, ohne daß es eine feste sexuelle Beziehung ist, hat erotische Züge.

Für die meisten von uns ist es ganz natürlich, wenn sich gute Freundinnen bei der Begrüßung herzlich küssen und Hand in Hand durch die Straßen gehen. Jungen zeigen ihre Zärtlichkeit weniger. Bei ihnen drückt sich das eher in einem herzhaften und kräftigen

Schlag auf die Schultern oder in einem kleinen Boxkampf aus. Aber das ist auch eine Art und Weise, quasi hinten herum, Zärtlichkeit auszudrücken. Aber bei diesen Formen von Zärtlichkeit käme niemand von uns auf die Idee zu sagen, daß es sich hier um Homosexualität handelt. Obwohl hier auch Zärtlichkeit zum gleichen Geschlecht ausgedrückt wird.
Bei uns hat Homosexualität einen ganz bestimmten Anstrich. Es gibt feste Urteile darüber, wie Homosexuelle sind, wie sie aussehen, sich geben, und darüber, wie sie nicht sind. Aber diese Urteile haben nur selten etwas damit zu tun, wie diese Menschen wirklich sind.
Da wird Mädchen und Frauen, die keinen Freund haben, lässig oder selbstbewußt auftreten, die ihre Meinung sagen, auf Mode, Klamotten, Make-up keinen Wert legen, die behaarte Beine haben oder Verhaltensweisen zeigen, die wir als männlich empfinden, sehr schnell der Stempel aufgedrückt, sie seien lesbisch.
Bei Jungen und Männern ist es ähnlich. Wenn sie keine feste Freundin haben, keine Frau anmachen, über Frauen nicht abfällig sprechen, wenn sie sich nicht prügeln, wenn sie sich modisch anziehen, vielleicht gerne kochen, weich oder zart sind, wenn sie Wert auf ihre Gefühle legen, dann sagt man ihnen auch schnell nach, sie seien schwul.
In unseren Köpfen springt eine feste Vorstellung davon herum, wie ein Mann oder eine Frau sich zu benehmen habe. Und viele meinen immer noch, Homosexuelle seien entweder weibische Männer oder vermännlichte Frauen. Diese Vorstellungen sind weitgehend falsch. Sie drücken nur die Ängste aus, die viele vor Homosexualität haben, vor dem eigenen homosexuellen Anteil in uns, in jedem Menschen. Diskriminierend und ebenfalls von dieser Angst getragen sind die Schimpfworte, mit denen viele homosexuell liebende Menschen belegen. Vielleicht hast du einige von ihnen schon einmal gehört und konntest sie gar nicht einordnen. Homosexuelle werden oft »Schwuli«, »Tunte«, »Lesbe«, »anders rum«, »verkehrt rum«, »vom anderen Ufer«, »kesser Vater«, »Schwuchtel«, »falsch gepolt«, »von der anderen Fakultät« genannt. Alle diese Ausdrücke diskriminieren diese Menschen. Die angeblich »normalen« versuchen damit, die Homosexuellen in eine Ecke zu drängen, um zu

zeigen: »Wir sind anders.« Dabei ist das mit dem Anderssein der angeblich »normalen« Menschen gar nicht so weit her.
Wir bekommen in unserer Gesellschaft das Bild vermittelt, daß nur Männer mit Frauen sexuelle Beziehungen eingehen können. Von den Plakatwänden, aus der Werbung, aus Fernsehfilmen und in Büchern: überall werden uns Mann-Frau-Pärchen vorgeführt. Wir sind an diese Verbindung so gewöhnt, daß alles andere für uns nicht denkbar ist oder uns pervers erscheint. Unsere Vorstellungen über das, was im Bereich Sexualität richtig oder falsch ist, sind so fest geprägt, als ob diese Vorstellungen ein Naturgesetz wären. Dabei gibt es diese Festlegung im Bereich der Sexualität nicht. Wir malen ständig schwarz und weiß. So wird uns beigebracht, daß man schon bei einmaligen homosexuellen Gefühlen schwul oder lesbisch sei. Außerdem haben wir gelernt, daß man entweder sein ganzes Leben homosexuell oder heterosexuell sei. Beides ist nicht wahr; es erleichtert uns lediglich, unser Schwarz-weiß-Denken zu haben und verstärkt unsere Ansichten darüber, was gut oder schlecht ist. Man geht heute davon aus, daß die Menschen die Veranlagung zu Homo- und Heterosexualität haben. Das nennt man bisexuelle Veranlagung. Bei uns wird der Kontakt zu gleichgeschlechtlichen Partnern sehr unterschiedlich bewertet. Während man bei Kindern in den Jahren vor der Pubertät häufig sexuelle Kontakte zu Menschen des gleichen Geschlechts duldet, werden diese Kontakte spätestens ab der Pubertät unterbunden und streng verurteilt. Dennoch haben viele von uns vereinzelt homoerotische Erfahrungen.
Um die Unterschiedlichkeit der menschlichen Sexualität deutlich zu machen, stellt man sich am besten eine Skala vor, an deren einem Ende die Menschen eingeordnet werden, die ausschließlich heterosexuelle Erfahrungen, und am anderen Ende die Menschen, die ausschließlich homosexuelle Erfahrungen haben. Zwischen diesen beiden Polen liegen die Menschen, die sowohl homo- als auch heterosexuelle Erfahrungen haben. Die meisten Leute würden sich wohl am ehesten an der Seite mit den ausschließlich heterosexuellen Erfahrungen einordnen lassen. Doch sicher gibt es auch viele, die sich auf der rein homosexuellen Seite einordnen und viele, die irgendwo dazwischen liegen. Eine solche Tabelle möchte dir die

Angst nehmen, die du vielleicht hast, wenn du einmal homosexuelle Träume oder Phantasien hast oder wenn du eine homoerotische Beziehung zu einem gleichgeschlechtlichen Partner eingehst.
Entscheidend ist es, zu erkennen, daß viele Menschen zwischen den beiden Extrem-Punkten eingeordnet werden können. Es ist allerdings auch wichtig, daß du dich jetzt nicht gedrängt fühlst, homosexuelle Phantasien oder Gedanken haben zu müssen. Wenn du nie solche Gedanken, Phantasien oder Beziehungen hast, so ist das in Ordnung (wie es auch in Ordnung ist, wenn du solche Phantasien hast). Man kann sagen, daß ungefähr 50% ausschließlich heterosexuell und ca. 10% ausschließlich homosexuell veranlagt sind. Der Rest verteilt sich dazwischen. Daraus kannst du schon erkennen, daß homosexuell liebende Menschen keine Minderheit in unserer Gesellschaft, sondern eine große Gruppe darstellen. Sie finden sich in allen gesellschaftlichen Schichten und Berufsgruppen, bei Politikern, Lehrern, Arbeitern, Pop-Stars, Armen und Reichen.
Bei uns spricht man vor allem dann von Homosexualität, wenn die Beziehung sexuelle Aspekte enthält. Andere Beziehungen, die sich auf einen gleichgeschlechtlichen Partner richten, werden nicht als homosexuell bezeichnet. Damit hatte man ein klares Kriterium, nach dem man homosexuelle Menschen absondern und diskriminieren konnte. In unserer Gesellschaft galt lange Zeit nur der sexuelle Kontakt zwischen verschiedengeschlechtlichen Partnern als richtig. Das ändert sich in letzter Zeit langsam. Homosexualität gibt es in fast allen Kulturen der Welt. Allerdings hält nur ein Teil von ihnen Homosexualität für unerwünscht und versucht deshalb, sie durch Normen und Diskriminierung einzuschränken. Besonders in der Geschichte unserer Kultur hat sich gezeigt, daß Glaubensvorstellungen, juristische Grundsätze und psychiatrische Theorien lange Zeit harmlose Menschen mit einem anderen Sexualverhalten unterdrückt und diskriminiert haben. Und auch heute hält diese Unterdrückung noch an. Viele Menschen, die Ängste und Vorurteile gegenüber Homosexuellen haben, kennen nicht einmal homosexuelle Menschen persönlich. Die tiefer liegenden Ursachen dieser Ängste kann man nur schwer erklären. Offensichtlich aber hängt das damit zusammen, daß die Homosexualität für viele Menschen als etwas

Gefahrbringendes empfunden wird. Es ist eine Gefahr für die eigene Ordnung, die wir in unserem Leben errichtet haben, die Angst vor der Andersartigkeit dieser Menschen, aber auch die geheime Faszination, die wir als eine Gefährdung unseres eigenen Lebens empfinden.

Ich habe es weiter vorne schon einmal ausgeführt: viele »Vor-Urteile« stellen ein völlig verzerrtes Bild über die Menschen dar, die homosexuell lieben. Über Homosexualität urteilt man, sie sei abnorm, unnatürlich, gefährlich, sündhaft, kriminell, asozial, pervers, triebhaft, diese Menschen seien liebes- und bindungsunfähig oder fehlentwickelt. Der homosexuelle Mann gilt als weibisch, schwächlich und unreif. Die Lesbierin stellt man sich hart und grob, mit männlicher Kleidung und männlichem Verhalten vor. All das trifft nicht zu. Natürlich entsprechen einige der homosexuell liebenden Menschen genau diesem Bild. Aber es gibt ja auch heterosexuell liebende Männer und Frauen, die sich an ihre vorgegebenen Rollenklischees nicht halten und durch die Art und Weise, wie sie sich anziehen, geben und sprechen, auffallen.

Doch den größten Teil der homosexuell liebenden Menschen können wir eben nicht so einfach von den angeblich »normalen« unterscheiden. Dafür gibt es einen ganz einleuchtenden Grund: die meisten homosexuell liebenden Frauen und Männer sehen genauso aus wie die heterosexuell liebenden Frauen und Männer. Wir brauchen allem Anschein nach diese Vorurteile, um uns von den Homosexuellen absondern und absetzen zu können, um ja nicht selbst dafür gehalten zu werden. Diese Urteile zeigen aber auch, wie schwer wir uns tun, das Anderssein dieser Menschen zu akzeptieren.

Homosexuell liebende Menschen gestalten ihre Beziehungen genauso wie die Heterosexuellen. Sie sind aus Lust und Liebe, aus Neugier und aus Spaß mit ihrem Partner zusammen. Sie freuen sich darüber und finden Befriedigung durch Küssen und Schmusen ebenso wie die Heterosexuellen. Ähnlich verhält es sich mit dem Vorwurf, Homosexuelle seien beziehungsunfähig. Viele denken, homosexuelle Beziehungen würden höchstens eine Nacht dauern. Auch das ist falsch. Wie bei Heterosexuellen gibt es unter den Homosexuellen Menschen, die viele kurzfristige Beziehungen ein-

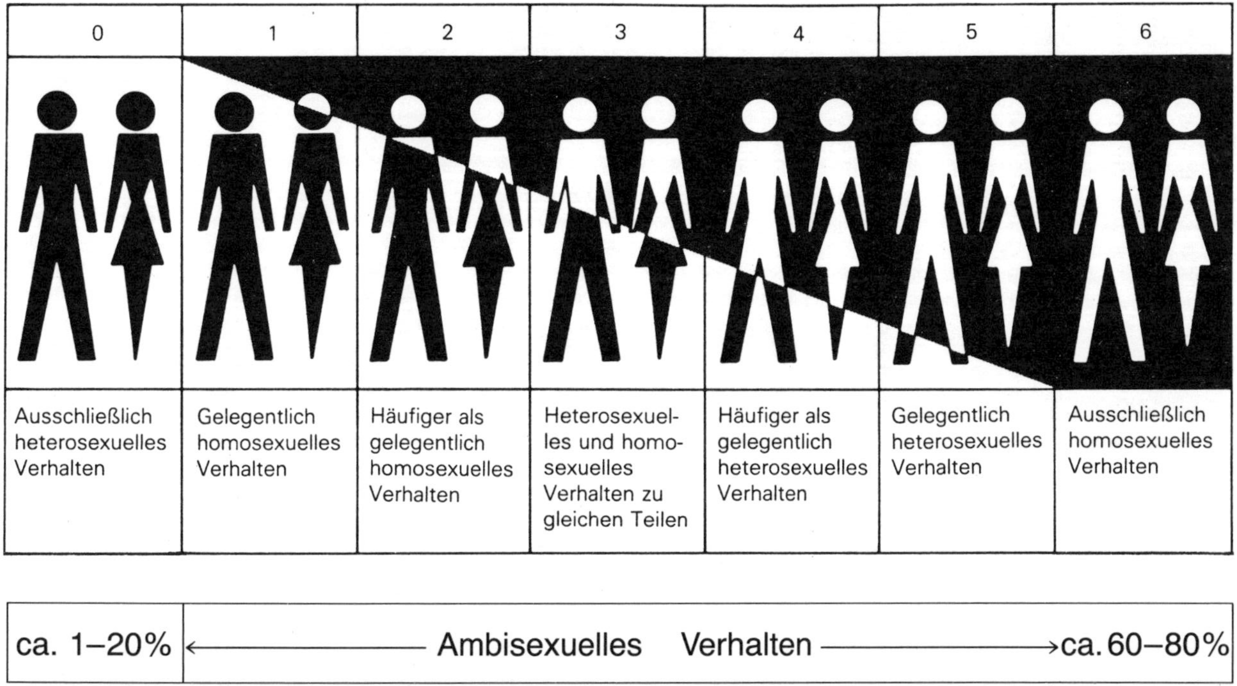

Aus: *E. J. Haeberle:* Die Sexualität des Menschen. S. 237

gehen, und es gibt auch unter Homosexuellen wie bei Heterosexuellen viele Menschen, die sehr lange in festen Beziehungen leben. Ich glaube, wir müssen noch mit vielen Gedanken, die in unseren Köpfen herumspuken, aufräumen, ehe wir homosexuell liebende Menschen wirklich verstehen und akzeptieren können.

In der Pubertät werden sich viele Jugendliche über ihre Gefühle stärker im klaren. Vielleicht wird für dich in dieser Phase deutlich, daß du dich mehr zu Jugendlichen des gleichen Geschlechts hingezogen fühlst. Wenn du diese Gefühle bei dir entdeckst, wird dich das zunächst vielleicht verunsichern oder das Gefühl von Enttäuschung und Verlust hervorrufen. Das ist ganz verständlich, denn wir sind alle so erzogen, als ob die Heterosexualität die einzig wahre Beziehungsform sei. Zum anderen wirst du sicherlich Sorge haben, ob dich deine Eltern und Freunde mit diesen deinen Gefühlen annehmen und verstehen können. Doch solltest du auf keinen Fall Theater spielen, sondern zu dir und deinen Gefühlen stehen, denn sie sind ein Teil von dir. Vielleicht versuchst du dich so zu geben, daß es ja nicht auffällt, daß du homosexuell bist. Diese Ängste haben allerdings auch heterosexuelle Jugendliche. Sie versuchen, sich möglichst so zu verhalten, daß sie ja nicht in den Verdacht kommen, homosexuell zu sein.

Besonders ausgeprägt ist meiner Erfahrung nach diese Angst bei Jungen. Für schwul gehalten zu werden, ist für sie oft das Schlimmste; also versuchen sie, sich möglichst männlich und hart zu geben. Sie suchen Hobbys, die einen »richtig männlichen« Eindruck machen, vermeiden Beziehungen zu anderen Jungen und erst recht Zärtlichkeiten in diesen Beziehungen. Ein Junge sagte einmal auf einem Kurs: »Wenn ich keine Mädchen anmache und nicht irgendwann erzählen kann, daß ich mit irgendeinem Mädchen geschlafen habe, dann meinen hinterher viele Kollegen, ich sei vom anderen Ufer.«

Die gleichen Ängste findest du auch bei Mädchen. Bei ihnen gibt es die Sorge, daß die anderen sie für Lesbierinnen halten könnten. Wenn sie vielleicht einen jungenhaften Körperbau oder eine tiefe Stimme haben, so gilt das für viele bereits als ein Anzeichen dafür. Folglich versuchen sie sich möglichst mädchenhaft und feminin zu

verhalten, um sich nur ja nicht diesem Verdacht aussetzen zu müssen.
Sie handeln aus der Angst, als Homosexuelle zu gelten. Wenn du jedoch homosexuelle Gefühle hast, bist du verstärkt unter einem solchen Verhaltensdruck. Versuche dich aber über diesen äußeren Druck hinwegzusetzen und bleib dir und deinen Gefühlen treu. Laß dich nicht von anderen festlegen, sondern suche nach dem, was deiner Person entspricht, beuge dich also nicht dem Druck, sondern nimm dir Zeit, um für dich Klarheit zu gewinnen, wer du bist und wie deine Gefühle sind. Viele versuchen unter dem Druck von Freunden und Eltern, sexuelle Beziehungen zu einem Partner des anderen Geschlechts einzugehen, obwohl sie von ihren Empfindungen her homosexuell empfinden. Doch das bringt auf die Dauer nur, daß du nicht zu dir selbst finden kannst. Du mußt dir darüber im klaren sein, daß, wenn du zu deinen Gefühlen und Neigungen stehst, sie nicht verleugnen willst, du sicherlich Freunde verlieren wirst und für krank oder verdorben gehalten wirst. Wenn du dir allerdings wichtig bist, wirst du diesen schweren Weg gehen. Und denk daran, auch wenn das überflüssig ist: man sieht dir deine Homosexualität nicht an, so wenig wie man den Heterosexuellen ihre Orientierung ansieht. Dies gibt dir zum einen Schutz und zum anderen die Möglichkeit, dir deiner Gefühle sicherer zu werden. Dies ist der Beginn des »coming out«. Das bedeutet, daß du dich selbst zeigst, so wie du bist, Gefühle, Gedanken und Bedürfnisse auszudrücken und zu zeigen lernst, d. h. dich nicht zu verstecken brauchst, dich auch dort offen zeigen kannst, wo du weißt, daß du anders bist. Du lernst in dieser Phase trotz der täglich erlebten negativen Erfahrungen der Umwelt zu akzeptieren und zu respektieren, wie du bist. Du wirst es lernen, deine Homosexualität anzunehmen und als etwas Positives und Wertvolles schätzen lernen und dich auch nach außen hin offen als Homosexueller zu erkennen geben. Dieses Herauskommen aus dem Versteck, das »coming out«, ist für dich eine sehr wichtige Stufe. Denn sie ermöglicht dir, daß du deine Identität findest, ein Selbstwertgefühl entwickelst und lernst, zu dir und zu deiner Homosexualität zu stehen.
Die erste Stufe dazu ist, dir einzugestehen, daß du homosexuell bist.

Danach ist es wichtig, daß du darüber mit den Menschen sprichst, die dir wichtig und lieb sind. Dabei solltest du daran denken, daß du diese Menschen nicht überforderst und ihnen Zeit läßt, sich damit abzufinden. Denn sie werden wahrscheinlich zuerst befremdet und vorsichtig reagieren. Das ist aber durch die Einflüsse unserer Gesellschaft gar nicht anders möglich. Darum ist es für dich wichtig, einen passenden Zeitpunkt zu finden. Das bedeutet, daß du dir selbst sehr sicher sein mußt und dich sicher genug fühlst, um mit den Reaktionen entsprechend umgehen zu können. Dann solltest du beginnen, zuerst mit den Leuten darüber zu reden, von denen du annimmst, daß sie dich auch weiterhin akzeptieren werden; dann – nach und nach – auch mit denen, bei denen du kein so gutes Gefühl hast. Mit deinen Eltern kann ein solches Gespräch besonders schwer sein, weil sie vielleicht noch stärker Vorurteile gegenüber Homosexuellen haben und für sie vielfach die Reaktionen von außen – der Nachbarn und Verwandten – zu einem entscheidenden Faktor wird, deine Homosexualität negativ zu bewerten. Es ist darum wichtig, daß du mit deinen Eltern ausführlich über deine Gefühle und Stimmungen sprichst und ihnen hilfst, die Klischeevorstellungen und Vorurteile gegenüber Homosexuellen abzubauen. Ganz besonders wichtig ist es, daß du deinen Eltern deutlich machst, daß sie nicht das Gefühl haben müssen, bei dir in der Erziehung etwas falsch gemacht zu haben. Denn Homosexualität ist kein Erziehungsfehler. Darüber hinaus gibt es natürlich noch viele andere Gründe, warum es Eltern schwerfällt, die Homosexualität ihrer Kinder zu akzeptieren. Für ein solches Gespräch helfen dir vielleicht folgende Anregungen:

1. Informiere dich gründlich über die menschliche Sexualität und Homosexualität und versuche, diese Information auch deinen Freunden und Eltern zu vermitteln.
2. Zeige deinen Eltern und Freunden, daß Homosexualität kein Erziehungsfehler oder eine Krankheit ist, sondern daß du ein gleichwertiger Mensch bist.
3. Sprich in Ruhe mit deinen Freunden und Eltern über dich. Zeige ihnen deine Gefühle und Stimmungen und höre dir auch die Einwände und Sorgen deiner Freunde und Eltern an.

4. Erzähle deinen Eltern von deinen homosexuellen Beziehungen und vermittle ihnen, wie du dich fühlst.
5. Sprich mit deinen Eltern und Freunden auch über deine Schwierigkeiten, die du als Homosexueller in deinem Alltag erlebst. Zeige ihnen auch, wenn du dich von ihnen gekränkt fühlst, wenn sie abwertend über Homosexualität sprechen.
6. Versuche den Kontakt zu deinen Freunden und Eltern aufrechtzuerhalten und denke daran, wenn ein Freund deine Homosexualität grundsätzlich nicht akzeptieren kann, dann ist dies möglicherweise ein Zeichen dafür, daß er in Wahrheit gar nicht dein Freund war.

Weg-laufen
Weg-gehen
Weg-werfen
Weg-treten
Wege suchen
Wege ahnen
Wege finden
Wege gehen
Wege korrigieren
Wege neu gehen

7 Nie zu jung für Freundschaft und Liebe

Wie alles anfängt und welche Schwierigkeiten es geben kann

Vielleicht überrascht dich die Überschrift dieses Kapitels, denn du wirst sicher öfter zu hören bekommen: »Dafür bist du noch zu jung«, oder: »Sei erst einmal mit der Schule fertig, bevor du mit einem Freund (einer Freundin) nach Hause kommst.«
Doch die Erfahrung von Liebe und Freundschaft ist nicht an ein bestimmtes Lebensalter gebunden. Bereits als kleines Kind macht man sie in der Beziehung zu seinen Eltern, und ab dem dritten oder vierten Lebensjahr entwickeln sich die ersten Freundschaften zu anderen Kindern. Die Erfahrung, von einem anderen Menschen gemocht zu werden, mit ihm einen Teil seines Lebens zu verbringen, ist für jeden Menschen wichtig. Im Jugendalter ist die Erfahrung, wie du auf andere wirkst, ob dich andere mögen, aber auch dich selbst zu finden, langsam zu entdecken, was das Ich in dir ausmacht, von besonderer Bedeutung. Dies gelingt besonders in Freundschaftsbeziehungen zu Gleichaltrigen. Dort kannst du deine Fähigkeiten, deine Wünsche und Träume deutlich erfahren und realisieren.
Du weißt, wie wichtig es ist, einen Freund zu haben, mit dem du über vieles reden kannst, mit dem du deine Freizeit verbringst, auf den du dich verlassen kannst, wenn du Probleme oder Sorgen hast. Du stehst vielleicht deinem Freund oder deiner Freundin näher, hast mehr Vertrauen zu ihnen als zu den eigenen Eltern. Die Erfahrung, fast alles sagen zu können, angenommen zu sein so wie du bist, ernstgenommen zu werden, das tut unheimlich gut.

Die meisten von uns haben einen Freund, manche auch mehrere, vielleicht sind einige dieser Freundschaften auch sehr intensiv. Du wirst sicher die Erfahrung gemacht haben, daß Freundschaften in die Brüche gegangen sind, aber auch, daß du immer wieder neue Freunde gefunden hast. Es ist wichtig zu erfahren, daß Freundschaften lange dauern können und andere wiederum nur kurze Zeit Bestand haben. Das gilt nicht nur für Freundschaften, sondern auch für die Beziehungen zu andern Menschen, die man mit dem Wort *Liebe* umschreibt. Denn neben den Freunden gibt es Menschen, die du liebst, in die du verliebt bist. Eigentlich läßt es sich gar nicht beschreiben, warum du auf einmal einen Menschen liebst oder gar zu sagen, was Liebe ist. Liebe ist eine Erfahrung, die dich durch und durch erfaßt, mit Haut und Haaren, jeden Zentimeter deines Körpers, voll und ganz nimmt sie dich in Anspruch.
Vielleicht kanntest du deine Freundin oder deinen Freund schon sehr lange, bevor es bei dir funkte und dir klar wurde, daß er oder sie für dich wichtiger als alle anderen ist. Vielleicht hast du sie oder ihn auf einer Fete kennengelernt und du wußtest gleich, mit ihm oder ihr ist es etwas Besonderes. Der Funke ist sozusagen sofort übergesprungen. In solchen Situationen bist du von jemandem ganz gefesselt. Vielleicht kennst du solche Stimmungen wie: Mit den Gedanken ganz bei demjenigen zu sein, in den du verliebt bist; den Wunsch, möglichst oft und möglichst lange in der Nähe des Geliebten zu sein; wenn du ein Buch liest oder in einer schönen Gegend spazieren gehst, daran zu denken, ob dem Geliebten dieses Buch oder diese Landschaft wohl auch so gefällt wie dir; starkes Herzklopfen und feuchte Hände, wenn du dem Geliebten begegnest; ein Gefühl von Beschwingtheit, als ob du auf den Wolken schwebst, wenn deutlich wird, daß deine Liebesgefühle geteilt werden.
Die Liebe ergreift dich ganz und gar. Sie ist ein Gefühl und eine Stimmung, in der du dich selbst sehr deutlich spürst, mit Haut und Haaren, aber bei dem du auch deine Mitmenschen mit anderen Augen siehst.
Das hat sich ja bisher alles ganz positiv angehört über die ersten Freundschaften, und wenn ich jetzt mit einem »Aber« komme, wirst du vielleicht denken: »Das mußte doch so sein; Erwachsene gönnen

uns einfach nicht den Spaß der ersten Liebe.« Darum geht es mir nicht. Ich gönne euch die Freude der ersten Liebe, weil mich selbst diese Erfahrungen sehr wesentlich geprägt haben, und darum hoffe ich, daß ihr viel Freude und Spaß in euren Liebesbeziehungen habt. Mein »Aber« bezieht sich auf Gespräche, die ich mit jungen Menschen führte und bei denen es um Erfahrungen ging, die diese jungen Leute in ihren Freundschaften und Liebesbeziehungen gemacht haben.

Ich möchte einige dieser Erfahrungen erwähnen, um dir die Möglichkeit zu geben, Probleme früh genug zu erkennen und dich eventuell anders zu verhalten.

Ein Problem, auf das ich am häufigsten bei Jugendfreundschaften stieß, läßt sich mit dem Wort »Klammerung« umschreiben. Wenn du einen Freund oder eine Freundin gefunden hast, mit der oder dem du dich sehr gut verstehst, dann besteht die Gefahr, daß ihr euch beide so sehr aneinander bindet, daß ihr andere Freunde und Hobbys total aus dem Auge verliert. Wie das Sprichwort so schön sagt: »Ihr seid ein Herz und eine Seele« und genau das ist auf die Dauer sehr problematisch; denn du verlierst dich dabei selbst. Damit will ich sagen, daß es in einer Freundschaft sehr wichtig ist, daß jeder er selbst bleibt, daß jeder seine eigenen Freiheitsräume behält, seinen eigenen Interessen und Bedürfnissen nachgeht. Ihr sollt nicht zu einem Brei verschmelzen, sondern jeder sollte für sich selbst – auch gegenüber den Freunden – als einzelner mit seinen Ecken und Kanten, Interessen und Wünschen, Träumen und Hoffnungen erkennbar bleiben. Manche Erwachsene lernen erst mit 30 oder sogar 40 Jahren, daß es für eine Beziehung wichtig ist, daß jeder er selbst bleibt, eine eigene Persönlichkeit mit eigenen Wünschen, Wertvorstellungen und Bedürfnissen, und daß es nicht darum geht, eine möglichst umfassende Einigkeit mit dem Partner zu erzielen. Denn bei dem Bestreben, möglichst einheitlich zu werden, mußt du zu viele Wünsche, Bedürfnisse, Träume und Enttäuschungen wegstecken und kannst sie nicht ausleben.

Das ›Ein-Herz-und-eine-Seele-Sein‹ bringt noch ein anderes Problem mit sich: Viele jugendliche Liebespaare lösen sich in dieser Phase von ihren Freunden und aus ihren Cliquen. Die beiden wollen möglichst oft für sich und mit sich allein sein. Vielleicht sagst du, das sei doch gut und okay. Es zeigt doch, wie vertraut die beiden miteinander sind, daß sie sich lieb haben und wie gut sie miteinander auskommen. Das ist alles richtig, nur hat eine so starke Festlegung auf eine Person, so daß die früheren Freunde, Cliquenmitglieder oder Klassenkameraden nicht mehr wichtig sind, den Nachteil, daß du dich nur noch sehr einseitig weiterentwickelst. Du hörst nur noch eine Meinung, einen Kommentar, es ist nur noch einer da, der dich beeinflußt. Besser ist es, mit möglichst vielen Menschen in Kontakt zu sein, von möglichst vielen Leuten zu hören, wer du bist, was du kannst, wie du bist, was du aus dir machen könntest usw. Hinzu kommt das Problem, zu zweit alleine und einsam zu sein. Die Gefahr besteht auch schon bei Jugendlichen. Ich glaube, es macht dein Leben reicher, wenn du möglichst viele Kontakte zu anderen hast. Das schließt ja nicht aus, daß du mit demjenigen, den du liebst, häufig gern allein bist und mit ihm zusammensein möchtest.

Ein weiteres möchte ich umschreiben mit »ewige Treue schwören«. Du kennst es vielleicht von deinen Freunden oder auch aus deiner eigenen Beziehung, daß ihr euch ewige Freundschaft, ewige Liebe geschworen habt: »Du für immer«, oder: »Du bist mein ein und alles, für immer und ewig« oder ähnliches. Vielleicht wendest du auch hier ein: »Aber es ist doch gut so, wenn man sich auf den anderen verlassen kann. Und wird nicht gerade auch von Erwachsenen die Treue so hochgehalten etc?« Für Freundschaften im Jugendalter halte ich dennoch eine solche Festlegung für sehr schwierig. Ich denke an so manchen Jugendlichen, den ich kennengelernt habe und der in diesen treuegeschworenen Beziehungen hängenbleibt und vergißt, sich weiter umzuschauen, andere Menschen kennenzulernen und zu überprüfen, ob das wirklich nun der richtige Partner für ihn ist. Zu einer richtigen Partnerwahl gehören beide Teile des Wortes, auch der zweite: »Wahl«.

Wählen kannst du schließlich nur dann, wenn du dich zwischen mehreren Möglichkeiten entscheiden kannst, wenn du ernsthaft abwägen kannst, was dir an ihm oder ihr gefällt oder nicht gefällt. So hast du viel eher die Möglichkeit zu erkennen, in welcher Beziehung du am besten deine eigenen Reichtümer, deine eigenen Fähigkeiten,

Einstellungen, Eigenschaften und Verhaltensweisen leben und entfalten kannst. Darüber hinaus haben diese Freundschaften die Schwierigkeit, daß sie, wenn sie auseinanderbrechen, tiefe, manchmal sogar sehr tiefe Narben hinterlassen können.

Was ist Liebe?

Es gibt viele Gründe, warum du einen Menschen liebst oder zumindest glaubst, ihn zu lieben. Viele dieser Gründe werden aber problematisch, wenn sie zu stark in den Vordergrund rücken, wenn ein Punkt zu sehr ausschlaggebend ist. Einige davon möchte ich benennen:

Liebe aus Neugier

Wird eine Partnerschaft nur aus Neugier eingegangen, so nach dem Motto, wie ist das mit einem Mädchen oder einem Jungen befreundet zu sein, mit einem zu schlafen, dann gerät »Liebe« leicht zu einer technischen Versuchsanstalt. Der andere wird zum Versuchskaninchen degradiert. Die Person, die du liebst, wird gar nicht wahrgenommen, sondern sie ist wie ein Gegenstand.

Liebe zu einem ganz bestimmten Typen von Menschen

Du liebst einen Menschen wegen seiner Haarfarbe, seines Körperbaus, seiner glatten Haut, ihres Busens, der schönen Augen, der schlanken Beine, der vielen Muskeln wegen usw. Der Körper des Partners spielt die wichtigste Rolle in der Beziehung. Was aber ist, wenn die Haut Falten bekommt, wenn das Haar grau wird, wenn ein Unfall Gesicht und Körper verunstaltet? Wenn körperliche Eigenschaften die ausschließliche Basis für die gegenseitige Zuneigung und Liebe sind, dann entfällt irgendwann der Grund dieser Beziehung. Jemand körperlich zu mögen, ihn anziehend, ihn liebenswert zu finden, ist sehr wichtig, das möchte ich nicht herunterspielen. Ist das aber der einzige Grund, dann ist es ein bißchen wenig.

Liebe als Norm

»Man muß« einen Freund haben, so heißt für viele eine Norm. Du meinst, in der Gruppe, in der du lebst, mußt du genauso handeln wie die andern. Du übernimmst bestehende Verhaltensweisen, paßt dich an. Wenn alle einen Freund oder eine Freundin haben, so muß ich auch einen Freund haben. Es ist schwer, aus solchen Verhaltensregeln der Clique auszubrechen, aber du solltest daran denken: gehe nur eine Beziehung ein, wenn du dies wirklich willst. »Du mußt« keinen Freund haben. Du solltest einen haben, wenn du einen haben willst.

Liebe als Fessel

»Wenn er bzw. sie mit mir geschlafen hat, gehört er bzw. sie mir.« Vielleicht kennst du diesen Spruch. Du fesselst einen Partner an dich, weil du ihm etwas von dir gegeben hast, ihm etwas von dir gezeigt hast. Die Beziehung wird zum Besitz, zum Handel. »Ich gebe dir das, und dafür bleibst du bei mir.« Das ist der Tod jeder Beziehung.

Liebe, weil die Eltern die Beziehung wollen

Freundschaften werden manchmal aufrechterhalten, weil die Eltern das so wollen und du dich nicht gegen deine Eltern auflehnen willst. Vielleicht mag deine Mutter oder dein Vater deinen Freund bzw. deine Freundin besonders gern. Deshalb beknien sie dich, die Beziehung aufrechtzuerhalten. Das ist natürlich keine Basis für eine Liebesbeziehung.

Liebe hat einen hohen Kurs

Du meinst, du bist mehr wert, wenn du von einem Menschen geliebt wirst; wenn dies nicht so ist, glaubst du, du seist ein Versager und wertlos. Der Kontakt und die Beziehung zu einem Menschen dienen der Steigerung deines Selbstwertgefühls. Ich liebe einen anderen, um selbst etwas zu sein.

Liebe als logische Konsequenz

Nur weil du einmal zu einem Menschen zärtlich warst oder mit ihm ein vertrautes Gespräch geführt hast, meinst du gleich, daß diese Beziehung, die eine Kameradschaft oder Freundschaft ist, zu einer Liebesbeziehung werden muß. Hab den Mut zur Differenzierung in deinen Beziehungen. Es gibt Freunde, die dir nahe sind und andere, die weiter weg sind von dir.

Liebe als Absetzung von den Eltern

Um sich endlich der Bevormundung durch die Eltern zu entziehen, gehst du eine Partnerschaft ein, um dort Sicherheit zu bekommen. Dadurch schlüpfst du praktisch von einer Abhängigkeit in die andere, ohne selbst gelernt zu haben, selbständig zu sein bzw. du selbst zu sein.

Liebe als Schutz

Du liebst einen Partner, weil er die gleichen Interessen oder ähnliche Eigenschaften und Einstellungen hat wie du. Damit ersparst du dir die Konfrontation, welche die eigenen Positionen und Einstellungen in Frage stellen. Du bist mit deiner Freundin oder mit deinem Freund »deckungsgleich«. Dadurch wirst du aber leicht profillos und bist für deine Freunde und Außenstehende nicht mehr als Einzelperson erkennbar. Du trittst praktisch immer nur als Paar auf.

Liebe als Ergänzung

Du wählst einen Partner, der gerade die Eigenschaften besitzt, über die du gerade selbst nicht verfügst. Das führt oft dazu, daß du dir selbst über deine Stärken nicht mehr im klaren bist und die Stärken des Partners aus purer Bequemlichkeit für dich übernimmst. Du suchst dir einen Partner, weil sein Erfolg, sein sicheres Auftreten deine Unselbständigkeit und die eigene Abhängigkeit ausgleichen und verdecken. Dadurch verbaust du dir die Möglichkeit, dich selbst weiterzuentwickeln und selbständig zu werden.

Vielleicht sind diese Motive für dich eine Möglichkeit, die Freundschaften und Liebesbeziehungen, die du pflegst, zu überprüfen. Wenn einzelne Motivationen und Gründe, die ich aufgezählt habe, zu stark im Vordergrund stehen, dann solltest du deine Beziehung ernsthaft prüfen. Einer der Gründe, die ich jetzt erwähnt habe, wird immer da sein, manchmal auch mehrere dieser Motive. Das ist nicht problematisch. Nur wenn ein Grund der ausschlaggebende war für die Beziehung, kann es zu Schwierigkeiten führen.
Darüber hinaus gibt es noch eine Reihe von Vorurteilen über die Liebe, die leicht den Weg versperren, eine Liebesbeziehung in all ihren Schattierungen und Tiefen zu erleben.

Vorurteil 1: Sexualität ist Liebe
Sexualität und Liebe sind zwei Geschehnisse, die zwar zusammengehören, die aber nicht miteinander verwechselt werden dürfen. Sexualität ist ohne Liebe möglich, und Liebe kann sich ohne Sexualität entfalten. Das ist eigentlich jedermann bekannt, doch wird beides immer wieder durcheinandergeworfen. Umfassend kann Sexualität eigentlich nur mit Liebe und in der Liebe erfahren werden. Durch die Liebe bekommt die Sexualität zu einem Menschen eigentlich erst ihren Sinn. Ohne Liebe ist Sexualität häufig eher krankmachend als fördernd. Andererseits kann Sexualität die Liebe zwischen zwei Menschen intensivieren und durch das sexuelle Miteinander neue Dimensionen entdeckbar machen.

Vorurteil: 2: Die große Liebe dauert ewig
Die Liebe ist ein ständiger Begleiter in unserem Leben. Ein Leben ist dann glücklich, wenn es einem Menschen gelingt, seine Liebesfähigkeit täglich neu zu entfalten und zu entdecken. Die sogenannte große Liebe ist nach der Auffassung vieler ein schicksalhaftes Ereignis, das den Menschen ereilt, quasi vom Himmel fällt und wegen seiner Größe und Gewaltigkeit ewig dauern muß. Das ist Unsinn, denn jeder Mensch ist für seine Liebe selbst verantwortlich, sowohl was die Größe, als auch was die Dauer angeht. Eine intensive Liebe kann kurz andauern und heftig sein oder aber ein Leben lang anhalten.

Vorurteil 3: Liebe ist Sicherheit
Die Liebe ist eine Fähigkeit, die man nicht automatisch besitzt, sondern die erworben und erlernt sein will. Sie kann abstumpfen oder sich entwickeln, je nachdem, wie sie gefördert wird. Zu lieben ist eine Fähigkeit, wach und aufmerksam zu sein, den anderen wahrzunehmen mit all seinen Schattierungen, ihm aufgeschlossen entgegenzutreten, ihm zu begegnen. Man öffnet sich in der Liebe und läßt den anderen in sich hineinkommen, man läßt ihn hautnah an sich heran. Liebe wird unmöglich, wenn einer sein Herz und seine Seele abkapselt, wenn er sich verschließt, sich zurückzieht und nach Sicherheiten strebt. Wer meint, einen Menschen fest an sich ketten zu müssen, um sicher zu sein, daß der andere ihn liebt, dessen Liebe ist bereits gestorben. Liebe ist nur möglich, wenn man offen ist und wenn die Sinne wach sind. Das ist nicht festschreibbar, nicht sicher, sondern muß täglich neu erworben werden. Liebe ist eigentlich etwas Unsicheres, um das man täglich neu kämpfen muß. Einen geliebten Partner festzuhalten oder gar besitzen zu wollen, ist in einer Gesellschaft, die besitzorientiert ist, zwar verständlich, aber es ist das Ende der Liebe; denn Liebe läßt sich nicht besitzen, nicht festhalten. Sicherheit, Verläßlichkeit, Pflicht gehören zwar zur Liebe, aber sie sind nicht Liebe. Sie sind Eigenschaften der Liebe und dürfen nicht mit Liebe verwechselt werden. Liebe dauert nur ewig, wenn sich die beiden Menschen immer wieder neu begegnen und entdecken können. Wenn sie aber die Ewigkeit ihrer Beziehung

festlegen wollen, um in Sicherheit leben zu können, dann ist ihre Liebe deswegen bedroht, weil die Veränderungen, die jeder in einer Partnerschaft erlebt, nicht mehr akzeptiert werden können.

Vorurteil 4: Eifersucht gehört zur Liebe
Ein Sprichwort sagt: »An der Eifersucht zeigt sich die Menge der Liebe.« Vielfach wird die Eifersucht als eine Begleiterscheinung der Liebe angesehen, die zwangsläufig dazugehört. Hinter der Eifersucht jedoch ist die Angst verborgen, das, was man liebt, zu verlieren, nicht mehr geliebt zu werden, weil ein anderer Mensch dazwischen tritt und mir den Liebenden oder einen Teil von ihm wegnimmt. Darum hört man häufig den Ausspruch: »Ich liebe dich und du liebst mich. Und nun gehörst du zu mir und ich zu dir.« Der Besitzanspruch wird zur Grundlage der Beziehung und gleichzeitig zum Grund der Eifersucht. Dieses Besitzdenken ist natürlich verständlich, denn Besitz ist eine entscheidende Erfahrung für jeden, der in unserer Gesellschaft heranwächst, sie ist von prägender Bedeutung. Denn über Besitz wird ja stellenweise sogar unser Selbstbewußtsein bestimmt, der Wert, den wir in der Gesellschaft und bei anderen haben. Warum sollte es also in der Liebe anders sein?
Liebe hat jedoch nichts mit Besitz und mit besitzen wollen zu tun. Wer in der Liebe glücklich werden will, muß zwei Dinge aus seinem Denken verbannen: die Angst, nicht genügend geliebt zu werden und das Bedürfnis, das Liebesobjekt besitzen zu wollen, wie man einen materiellen Gegenstand besitzt. Wenn es gelingt, dies zu überwinden, dann gibt es auch das Problem der Eifersucht nicht mehr.

Vorurteil 5: Man kann nur einen Menschen lieben
Die Liebe ist kein seltenes, einzigartiges Ereignis des Schicksals, sondern sie kann und sollte etwas Alltägliches in unserem Leben sein. Der Mensch kann nicht nur eine große Liebe in seinem Leben erleben. Wenn er wirklich liebesfähig ist, dann wird er sich oft verlieben und zu vielen Menschen Liebe empfinden; denn wirkliche Liebe schränkt nicht ein, sondern öffnet den Menschen auf andere

hin. Sie macht offen und frei, sie eröffnet neue Lebensdimensionen. In der Liebe erfährt man den Sinn seines Lebens, und darum ist sie so kostbar. Der liebesfähige Mensch erkennt in seiner Liebesfähigkeit den Sinn seines Lebens. Er weiß, daß sie nicht käuflich ist, sondern daß sie etwas mit Offenheit, Wachheit, Aufmerksamkeit, mit Leben und Lebendigkeit zu tun hat. Und es wäre wirklich zu schade, wenn diese Lebenshaltung so eingeschränkt wäre, daß man in seinem menschlichen Leben nur einmal lieben kann. Die Fähigkeit zu lieben stirbt nicht ab, wenn man mal geliebt hat, sondern sie will weiterentwickelt, geübt und gelebt werden.

Liebe ergreift dich ganz. Sie läßt dich nicht mehr los. Diese Erfahrung hast du vielleicht auch schon einmal gemacht. Du hast dich eventuell gefragt, was sind denn nun Kennzeichen der Liebe. Das läßt sich nicht so leicht beantworten. Es gibt nun einmal keinen Katalog, an dem man abhaken kann, ob es Liebe ist oder nicht. Denn in jeder Beziehung wird sich die Liebe anders ausdrücken. An den Erfahrungen und Begegnungen mit dem Menschen, den du liebst, kannst du erkennen, wie intensiv und tief die Empfindungen sind. Die Erfahrung, z. B. Vertrauen zu haben, die Möglichkeit, offen über viele Fragen reden zu können, das Gefühl von Geborgenheit, der Eindruck, reifer und weltoffener zu werden. Diese Empfindungen und Gefühle können Zeichen sein, die darauf hindeuten, daß du liebst. Aber es können für dich natürlich auch noch ganz andere Erfahrungen hinzukommen, die viel bedeutender sind. Die Liebe kann ein Gefühl oder eine Stimmung in dir sein, die du sowohl kurze Zeit für einen Menschen empfinden kannst als auch über einen sehr langen Zeitraum. Die Echtheit und Ehrlichkeit des Gefühls Liebe ist nicht an der Dauer einer Beziehung meßbar, sondern an der Intensität des Miteinanders.

Ich möchte einige Haltungen beschreiben, von denen ich meine, daß sie wichtig sind für eine Liebesbeziehung.

Das Leben teilen

bedeutet, für den anderen dazusein, ihn teilnehmen zu lassen an meinem Leben mit den Freuden, den Sorgen und den Leiden. Ich versuche, die Lebenswelt des Partners zu verstehen, sie zu begreifen und mich konfrontieren zu lassen mit seinem Alltag. Damit einher geht das Gefühl, nicht allein gelassen zu sein, so angenommen zu sein wie man ist.

Verantwortlichkeit
bedeutet die Bindung an das Du des anderen, sich in die Pflicht nehmen zu lassen und zum Gelingen des Lebens des Geliebten beizutragen. Ich übernehme Verantwortung für die Entwicklung seiner Persönlichkeit, für die Möglichkeiten, seine Fähigkeiten und Eigenschaften zu entdecken und zu unterstützen. Das heißt nicht, daß ich ihm die Verantwortung für sein Leben abnehme, sondern daß ich mich mitverantwortlich fühle, daß er sein Leben in die Hand nimmt. Verbunden mit dieser Verantwortung ist die Freiheit meines Partners

Freiheit
bedeutet, die Eigenständigkeit des Du darf nicht angetastet werden. Die Personenwürde des anderen, seine Freiheit und Eigenständigkeit sind das höchste Gut einer Beziehung. In einer Liebesbeziehung geht es nicht um gegenseitige Unterwerfung, sondern um gegenseitiges Akzeptieren und Respektieren.

Der Respekt
vor dem anderen bewahrt die Liebenden vor Besitzansprüchen an den anderen. Er trägt dazu bei, daß die beiden wirklich Partner werden, um miteinander den Alltag gestalten zu können.

Das Wissen umeinander
meint ein immer tieferes Erkennen des anderen und das Bemühen, sich mit den Gedanken, den Fähigkeiten, den Wünschen, den Träumen, den Gefühlen und den Sehnsüchten des anderen offen auseinanderzusetzen und sie verstehen zu lernen. Zu erkennen, welche Gegensätze wir haben und welche Gemeinsamkeiten; auf der Spur zu sein, den anderen mehr zu verstehen und sich dabei im klaren zu sein, ihn vielleicht doch niemals ganz zu verstehen und somit zu akzeptieren, daß der andere sich verändert und diese Veränderung nachzuvollziehen.

Die Zärtlichkeit schließlich ist die Form, durch die die Liebenden ihrer Liebe Ausdruck geben können. Sie ist Aufmerksamkeit und Wachheit für den anderen, geprägt durch den Wunsch, ihm Nähe, Wärme und Geborgenheit zu geben. Sie ist die Sprache unserer Leiblichkeit und unserer Sexualität. Aber sie ist nicht nur Sexualität und Leiblichkeit, sondern eine Grundhaltung in der Beziehung, die das Gefühl vermittelt: »Ich bin für dich da und du bist bei mir aufgehoben.«

Auch die Trennung gehört dazu

Zu Freundschaften und Liebe gehört allerdings auch das Problem Trennung. Vielleicht hast du schon einmal eine Trennung durchgemacht und durchlitten, selbst gespürt, wie weh ein Abschied tun kann, wenn du den geliebten Menschen verlierst. Trennung und Abschied gehen unter die Haut, sie gehen ans »Eingemachte«, und dabei spielt es eigentlich nicht mehr so eine große Rolle, wie lange die Freundschaft gedauert hat. Unbeeindruckt und leichtfertig kommt auf jeden Fall niemand darüber hinweg. Wenn du eine Liebesbeziehung eingegangen bist, dann hast du dich in dieser Beziehung ja ganz hineingegeben, ein Stück von dir abgegeben, und in der Zeit der gemeinsamen Beziehung ist ein Teil deiner Lebensgeschichte geschrieben worden. Dein Partner hat in deiner Biographie seine Spuren hinterlassen und du in der deines Partners. Je intensiver diese Beziehung war, je tiefer sie von dir gelebt wurde, um so schmerzhafter ist der Abschied. Du erlebst diese Erfahrung im Alltag eigentlich recht häufig, wenn du z. B. deiner Freundin oder deinem Freund auf Wiedersehen sagst, wenn sie in Urlaub fahren oder wenn ihr euch aus anderen Gründen längere Zeit nicht seht. Eine ähnliche Erfahrung ist auch der Abschied von Freunden oder Kollegen, wenn du die Schule oder den Arbeitsplatz verläßt. Aber in einer Liebesbeziehung ist der Abschied viel schmerzhafter, viel tiefgehender. Diesem Schmerz kannst du dich nicht entziehen. Das ist wie der Sturz vom siebten Himmel auf die Erde. Für dich bricht eine ganze Welt zusammen, die Hoffnungen und Träume, deine Wünsche und Sehnsüchte sind erschüttert. Das drückt sich auch in den Worten aus: »Wir haben Schluß gemacht« oder: »Es ist Schluß mit uns.«

Wenn deine Beziehung zu Ende ist, wollen die Schmerzen und die Gefühle der Trauer angenommen sein. Denn nur wenn es dir gelingt, den Schmerz und die Trauer einer zerbrochenen Beziehung für dich zu durchleiden, hast du auch eher die Möglichkeit, offen in eine neue Beziehung hineinzugehen. Jedoch geschieht es öfter, daß die Gefühle nicht aufgearbeitet werden, sondern sie werden in Schuldzuweisungen und Aggressionen verpackt. Und das allein ist ein bißchen wenig. Dann heißt es: »Der andere kann mir gestohlen bleiben« oder: »Er ist Luft für mich«, »Ich habe ihm den Laufpaß gegeben« oder: »Ich habe ihn in die Wüste geschickt«, »Er ist für mich gestorben«. Das ist eine verräterische Sprache, denn dadurch wird deutlich, daß die Schmerzen und die Gefühle des anderen mißachtet und die eigenen verdrängt werden; obwohl diese Aussprüche in der Situation verständlich sind, weil sie ja aus einem tiefen Schmerz heraus kommen. Du solltest jedoch versuchen, das Ende einer Freundschaft, das Zerbrechen einer Beziehung anders zu verarbeiten. Um das zu können, ist es notwendig, daß du mit deinem Partner früh genug ausführlich über eure Gefühle, Empfindungen und Stimmungen redest. Wenn rechtzeitig deutlich wird, daß es in der Beziehung nicht mehr so läuft, wie ihr es euch vorgestellt habt und daß es für eure Zukunft möglicherweise besser wäre, die Beziehung zu beenden, dann wird Trennung zu einem Prozeß und nicht zu einem ruckartigen Abschlagen. Dann ist es leichter, den Schmerz zu verarbeiten und zu verdauen. So ist es möglich, an die zerbrochene Freundschaft nicht nur mit Haß und Groll zurückzudenken, nicht alles nur negativ zu sehen, was du mit dem andern erlebt hast, sondern eure Beziehung differenzierter wahrzunehmen. Du wirst dann erkennen und anerkennen, daß es auch positive Erfahrungen gegeben hat, daß es schön war mit dem Partner und daneben sehen, warum die Beziehung gescheitert ist. Eine solche Sichtweise einer verflossenen Beziehung schafft die Möglichkeit, den ehemaligen Partner nicht im Haß zu verlassen, sondern sich mit Achtung begegnen zu können und vielleicht weiterhin Freunde sein zu können. Das ist eine faire Art, auseinanderzugehen, denn dann stehen nicht die Schuldzuweisung und die geheimen Rachegelüste im Vordergrund, sondern euer beider Wohl.

Wenn du eine Beziehung so beendest, dann hast du auch die Chance, eine neue ohne den Ballast der vorhergegangenen Trennung einzugehen. Die neue Beziehung ist nicht eine Flucht aus der alten, sondern ein Neuanfang mit mehr und neuen Erfahrungen. So wird die Trennung, so weh sie dir auch tun mag, nicht schlechthin zum Ende, sondern zu einer Möglichkeit des Neuanfangs. Wenn du deine Vergangenheit bewältigt hast, siehst du auch neue Möglichkeiten und Chancen für die Zukunft, wenn das für dich in der Situation einer zerbrochenen Beziehung schwer nachzuvollziehen ist. In jedem richtigen Abschied steckt ein neuer Beginn. Das ist für mich deutlich geworden, als mir mal ein junges Mädchen gesagt hat: »Bei jedem Liebeskummer, den ich bisher gehabt habe, spürte ich auch schon immer irgendwie die Spannung und Vorfreude, mich wieder neu zu verlieben.«

Das klingt alles sehr ideal und schön. Häufig ist es jedoch ganz anders. Trennungen können brutal, zerstörerisch und mit Erpressung und Zwang verbunden sein. Dann ist nichts mehr übrig von den positiven Gefühlen, sondern nur noch Haß und Gleichgültigkeit.

Ich möchte das Kapitel über Liebe und Freundschaft mit einigen Anregungen für deine Beziehung abschließen. Ich möchte dich einladen, diese Aufstellung zu vervollständigen. Schreibe hinzu, was für dich an einer Beziehung wichtig ist oder was du in deiner Freundschaft für besonders wertvoll hältst. Vergiß aber nicht, auch den anderen Abschnitt zu vervollständigen, denn sie gehört ebenso zu einer »gesunden« Beziehung. Leider werden diese Punkte in Beziehungen oft vergessen. Du kannst das auch mit deinem Partner machen.

Für mich ist in unserer Beziehung wichtig:

- *daß wir Kompromisse schließen*
- *daß ich den anderen so akzeptiere wie er ist*
- *daß wir einige Gemeinsamkeiten haben*
- *daß ich den anderen nicht bevormunde und der andere mich nicht bevormundet*
- *daß ich dich unterstütze und dich fördere genauso wie du mich förderst*
- *daß wir gegenseitig Vertrauen zueinander haben*
- *daß wir miteinander über vieles sprechen können*
- *daß du offen bist für meine Sorgen und Probleme und ich dies auch für deine Sorgen und Probleme sein will*
- *daß ich selbst sein kann, so wie ich bin*
- *daß ich dir meine Gefühle zeigen kann und ich mich auch meiner Tränen nicht schämen muß*

- *daß ich in unserer Beziehung den Mut habe, ich selbst zu bleiben*
- *daß ich eigenen Interessen nachgehen kann*
- *daß ich auch einmal was alleine unternehmen darf*
- *daß ich keine Angst haben muß, Konflikte und Meinungsverschiedenheiten offen auszutragen*
- *daß ich meine Bedürfnisse frei äußern darf*
- *daß ich auch einmal etwas tun kann, was dir nicht gefällt*
-
-
-

Wenn ihr die beiden Aufstellungen vervollständigt habt, könnt ihr diese Gedanken noch ausführlicher erarbeiten, indem ihr beide auf einem DIN-A 4-Blatt einen Kreis malt, in den ihr, ähnlich wie Kuchenstücke, eintragt, welche Bedürfnisse ihr in eurer Beziehung habt. Dabei sollen die Stücke nicht gleich groß sein. Die Größe der Stücke richtet sich nach der Wichtigkeit des jeweiligen Bedürfnisses. Wenn ihr das gemalt habt, tauscht ihr eure beiden Zeichnungen aus und versucht, euch gegenseitig euren »Bedürfniskuchen« zu erklären. Im Gespräch werdet ihr schnell die Wichtigkeit erkennen, über Bedürfnisse innerhalb einer Beziehung zu sprechen.

Wenn ihr einmal in der Situation seid, daß ihr nicht so genau wißt, was ihr zusammen machen könnt, ob ihr lieber ausgeht oder lieber zu Hause bleiben wollt, dann möchte ich euch vorschlagen, einmal Ideen zu sammeln, jeder für sich, unter dem Thema: »Was ich mit dir machen möchte.« Zuerst sammelt ihr eure Einfälle, im zweiten Durchgang bringt ihr sie in eine Rangfolge, indem ihr Zahlen davor schreibt. Danach schaut ihr euch die Liste eures Partners an und sprecht darüber, wie und wann ihr welche Vorschläge am ehesten realisieren könnt.

In einer Beziehung kann es manchmal wichtig sein, nicht nur sprachlich seine Gefühle auszudrücken. Es ist jedoch schwierig, dies nonverbal zu tun. Darum möchte ich euch eine kleine Übung vorschlagen, bei der ihr das üben könnt. Setzt euch beide gegenüber und legt eure Hände ineinander. Deine linke Hand ergreift die rechte, und deine rechte Hand ergreift die linke Hand deines Partners. Dann versucht, über eine kurze Zeit von drei bis fünf Minuten eurem Partner ein ganz bestimmtes Gefühl zu vermitteln. Ihr sagt euch dabei zuerst das Gefühl, das ihr jetzt übermitteln wollt und dann versucht, zuerst der eine dem anderen das Gefühl mit den Händen deutlich zu machen. Danach wechselt ihr die Rollen. Gefühle, die ihr dabei ausdrücken könnt, sind z.B. Angst, Wiedersehensfreude, Trennung, Trauer, Freude. Ihr werdet sicherlich noch andere Gefühle finden, die für euch wichtig sind.

Um noch einmal den nicht-sprachlichen Aspekt in einer Beziehung zu betonen, möchte ich euch vorschlagen, als Paar ein Bild zu malen. Dabei könnt ihr euch entweder vorher auf ein Motiv einigen oder aber ganz unstrukturiert mit dem Malen beginnen. Das Malen soll wie folgt ablaufen: zuerst malt der eine einige Striche, danach der andere einige Striche, dann wechselt ihr immer wieder, bis das Bild fertig ist. Ihr könnt dabei lernen, euch auf den anderen einzustellen, zu erkennen, was der andere möchte und was du möchtest.

Ein Leitfaden für deine Beziehung

Wenn du in einer Freundschaft oder in einer Liebesbeziehung lebst, dann denk daran,

- daß ihr zwei unabhängige und selbständige Menschen seid mit eigenen Wertvorstellungen, eigenen Bedürfnissen und einer jeweils spezifischen Lebensgeschichte.
- Versucht in eurer Kommunikation, immer offen und ehrlich zu sein, um euch besser zu verstehen, um eure Wertvorstellungen und eure Bedürfnisse deutlicher zu erkennen.
- Immer wenn ihr durch euer Handeln in euren Bedürfnissen beschnitten werdet, teilt euch dies ehrlich und ohne Vorwurf mit.
- Versucht die Konflikte unter Verzicht auf Macht zu lösen und nicht auf Kosten des anderen zu gewinnen.
- Sucht dabei nach Lösungen, die den Vorstellungen und den Interessen von euch beiden gerecht werden und achtet darauf, daß keiner der Verlierer ist.
- Versucht euren eigenen Lebensstil gegenseitig zu achten. Wenn ihr dabei Probleme habt, hört voll Anerkennung und Verständnis zu und drängt euch nicht gegenseitig einen Lebensstil auf.
- Gestaltet eure Beziehung so, daß ihr euch erlaubt, zu werden, was ihr zu sein vermögt.

wiedermal versagt
wiedermal umgefallen
wiedermal nicht durchgesetzt
wiedermal kein Rückgrat gehabt
wiedermal nichts gemerkt
wiedermal die eigenen Wünsche nicht gesagt
wiedermal mich selbst verraten
wiedermal mir untreu geworden
wiedermal nicht gesagt, was nötig gewesen wäre
wiedermal so weit weg von mir gewesen
weidermal vor Trauer geflohen
wiedermal nicht richtig gelebt
wiedermal auf mich selbst reingefallen
wiedermal neu beginnen mit dem Leben.

8 Zärtlichkeit und Sexualität in der Beziehung

Ich will nicht mehr von dir, als du mir geben willst

Jede Beziehung drückt sich körperlich aus. Es ist ganz egal, ob es sich um Liebe, Freundschaft oder Haß und Feindschaft handelt, immer sind wir mit dem Körper dabei in Aktion. Bei kleinen Kindern kann man dies besonders gut sehen. Wenn sie jemanden gern haben, berühren sie diesen Menschen, wenn sie auf jemanden böse oder sauer sind, dann drücken sie das körperlich durch Schlagen oder Distanz aus. Bei Erwachsenen wird das dann immer schwieriger. Wir haben gelernt, wie »man sich zu verhalten hat«, und dabei verlernt, auf unseren Körper zu hören und mit ihm zu reagieren.

Für jede Beziehung ist es wichtig, daß sich die Intensität der Freundschaft und Liebesbeziehung auch körperlich ausdrückt in der Berührung, im Kuß, in der Umarmung, im Streicheln. Diese Zärtlichkeiten bekommen in einer Liebesbeziehung und in einer Freundschaft einen ganz besonderen Wert. Sie sind, wenn ich sie mit Menschen austausche, die ich liebe, aufregend und erregend, beglückend und befriedigend. Zärtlichkeiten gehören in jede Liebesbeziehung. Wie du sie gestalten und wie du zärtlich sein willst, das hängt wesentlich von deiner Beziehung ab und von dem, was ihr wollt. Es ist wichtig, daß du dich nicht drängeln läßt oder daß du dich irgendwelchen Normen von außen unterwirfst, sondern du mußt für dich dein eigenes Tempo finden, wann du wie weit gehen willst und wann du meinst, wann welche Zärtlichkeit zu der Intensität deiner

Beziehung paßt. Wenn du dir dabei deiner Gefühle gewiß wirst, hast du ein wichtiges Kriterium, an dem du dich orientieren kannst.
Du wirst immer wieder die Erfahrung machen, daß du Lust und das Bedürfnis danach hast, zu deinem Freund oder deiner Freundin zärtlich zu sein, den Körper zu fühlen, die Wärme wahrzunehmen und die Nähe zu spüren. In einer Liebesbeziehung und Freundschaft ist es wichtig, daß ihr die vielen Möglichkeiten, zärtlich zu sein, erfahrt, erkundet und erprobt. Ich finde es schade, wenn ich von einem Paar höre, daß sie neben dem Kuß nur noch den Geschlechtsverkehr kennen. Es ist wichtig, zu wissen, was ihr wollt, was eure Wünsche und Bedürfnisse sind und wie ihr sie realisieren könnt. Dabei kommt es darauf an, daß du für dich merkst, was dir gefällt und Spaß macht, und daß das gleiche auch deinem Partner gelingt. Es gibt nämlich keine bestimmte Form oder den idealen Ort, wo man zärtlich und wie man zärtlich ist. Das sind alles Festlegungen von außen. Viel wichtiger ist, daß ihr euch in und mit eurer Zärtlichkeit wohlfühlt, sie als eine Ausdrucksform eurer Beziehung erkennt und daß sie euch Freude und Lust bereitet.
In einer Freundschaft ist es wichtig für sich zu klären, was ich an Zärtlichkeiten in die Beziehung einbringen und was ich empfangen will. Du solltest dich dabei auf keinen Fall überfordern, und wenn dein Partner weitergehen will als du, solltest du deutlich machen, daß du das nicht möchtest. Du mußt dein eigenes Tempo für deine Bedürfnisse finden. Ein wichtiger Maßstab dabei ist dein Gefühl, daß diese Zärtlichkeit, die du jetzt mit deiner Freundin oder deinem Freund austauschst, stimmig ist (damit meine ich, ob sie für dein Gefühl zu der Intensität eurer Beziehung paßt).
Vor kurzem erzählte mir ein Jugendlicher bei einem Kurs folgendes: Er war am Abend mit einem Mädchen in eine Disco gegangen. Als sie sich dann verabschiedeten und so richtig guter Stimmung waren, weil der Abend sehr schön war, nahmen sie sich zum Abschied in die Arme und küßten sich. Der Junge erzählte weiter, daß vor allem er das Mädchen sehr intensiv und leidenschaftlich küßte. Daraufhin änderte sich dann die Stimmung bei den beiden, vor allem bei dem Mädchen, das diese Verabschiedung eigentlich mehr über sich ergehen ließ. Im Anschluß daran wäre ihm nicht ganz wohl gewesen

und er wäre jetzt sehr unsicher, wie er sich denn in Zukunft gegenüber seiner Freundin verhalten solle. Dies ist eine Situation, in der nicht klar ist, wer wie weit gehen möchte. Natürlich ist es immer so, daß einer mal ein Stück weiter geht als der andere. Wichtig ist nur, daß ihr beide es so wollt und daß ihr deutlich macht, wann ihr nicht mehr ›mitspielen‹ möchtet.
Vielleicht erschreckt dich jetzt das Wort ›spielen‹; aber der Umgang mit Zärtlichkeit in einer Beziehung hat schon etwas Spielerisches an sich, weil es bei der Zärtlichkeit um sehr viel Ausprobieren, also Kreatives, geht: um eine Entdeckung. Man kann in der Zärtlichkeit immer etwas Neues erfahren; es ist immer ein Nehmen und Geben, ein Miteinander, und von daher hat es etwas Spielerisches an sich. Ich glaube, daß die Zärtlichkeit dann am schönsten in einer Beziehung ist, wenn sie spielerisch bleibt. Wenn sie verdorrt ist, starr wird und eher an ein Ritual erinnert, dann erkaltet sie und wird zu einer ständigen Wiederholung. Aus diesem Gedanken heraus, daß Zärtlichkeit etwas mit Spiel zu tun hat, kommt eigentlich auch das nächste, was ich für wichtig halte: versucht möglichst viele Formen von Zärtlichkeit auszuprobieren.
Ich halte eine Beziehung, in der es zwischen dem ersten Kuß und dem Miteinander-ins-Bett-Gehen nichts anderes gibt, von vornherein für eine sehr »verdorrte Beziehungskiste«. Zärtlichkeit und Sexualität werden dann zu einer möglichst schnellen und effektiven Form der Befriedigung abgewertet. Wesentlicher ist es, daß ihr lernt, möglichst viele Gesten und Formen der Zärtlichkeit zu zeigen. Das Schmusen sollte für euch ein ganz breites Experimentierfeld sein, um euch kennen und lieben zu lernen.
Leider wird in unserer Gesellschaft häufig so getan, als wenn das Miteinander-ins-Bett-Gehen die einzige Form und Ausdrucksweise ist, um sich gegenseitig zu zeigen, daß man sich liebt. Das stimmt natürlich nicht, sondern der Ausdruck dieses Gefühls ist auf vielfältige Art und Weise möglich. Ob es nun durch Neckereien, Toben, Balgen, Streicheln unterschiedlichster Form (so ähnlich, wie ich das in dem Kapitel »Unserem Körper auf der Spur« beschrieben habe) geschieht, ist egal; Hauptsache ihr versteht und mögt sie. Versuche deine ganze Kreativität mit in die Beziehung hineinzunehmen, in

deinen Ausdruck, wie sehr du deinen Partner magst und schätzt. Dabei gibt es auch kein ›Falsch‹ oder ›Richtig‹. Das Kriterium, wonach du das entscheiden kannst, ist einzig und allein, ob ihr euch in diesem Ausdruck eurer Liebe wohlfühlt, ob es dem entspricht, wie es euch geht.

Aus der Nähe, die du zu deiner Freundin oder deinem Freund hast, entwickle deine Zärtlichkeit. Sie sollte nicht vorwegeilen, aber auch nicht zurückbleiben; beides ist möglich. Eine Ungleichheit könnte z. B. ein Zeichen mangelnder Offenheit sein oder daß ihr eure Bedürfnisse und Wünsche dem anderen nicht mitteilen könnt.

Beim kreativen Ausprobieren und Suchen nach Formen, wie du deinem Partner deine Zärtlichkeit und deine Nähe zeigen kannst, wirst du auch in Situationen kommen, in denen du dir unsicher bist oder denkst: »Na, ob er bzw. sie das wohl versteht?« oder: »Wie mag er/sie wohl reagieren, wenn ich das will?« usw.

Es ist ganz normal, daß solche Unsicherheiten entstehen. Ich habe sie in meiner Beziehung, und jeder hat sie, wenn er einigermaßen ehrlich zu sich selbst ist. Dann hilft am besten, wenn du versuchst, diese Unsicherheit, dieses Gefühl auch deinem Freund oder deiner Freundin mitzuteilen und darüber zu sprechen. Auf jeden Fall solltest du dich nicht zurückziehen, wenn du dieses Gefühl oder diese Stimmung hast; denn wenn man erst einmal anfängt, sich zurückzuziehen oder zurückzuhalten, ist es hinterher schwer, wieder aus dieser Zurückhaltung herauszukommen. Versuche in deiner Beziehung möglichst aufrichtig und offensiv zu bleiben und dieses Gefühl der Offenheit und Vertrautheit immer zu behalten. Wenn ihr in der Frage nach der Sexualität und Zärtlichkeit in eurer Beziehung, und das gilt eigentlich auch für alle anderen Fragen, von diesem Weg gegenseitigen Vertrauens und gegenseitiger Zuneigung abkommt und euch lange distanziert gegenübersteht, dann wird es immer schwieriger, sich wieder anzunähern und gegenseitiges Vertrauen zu haben. Darum ist es für eure Beziehung wichtig, daß es euch gelingt, immer offen über eure Wünsche und Bedürfnisse zu reden, auch wenn es manchmal schwierig ist und einige Anstrengung erfordert.

Wann darf ich mit meiner Freundin bzw. meinem Freund schlafen?

Vielleicht denkst du inzwischen: »Ach, das ist auch jemand, der immer um den heißen Brei herum redet und nicht zur Sache kommt. Mich interessiert doch eigentlich viel mehr die Frage, wie das ist, wenn man miteinander schlafen will; sollte ich oder soll ich doch nicht?«

Etwas kann ich diesen Ärger verstehen. Wenn du in deiner Beziehung meinst, an diesen Punkt gekommen zu sein, dann ist es für dich eine sehr wichtige Frage, ob du mit deiner Freundin oder mit deinem Freund schlafen darfst, sollst, kannst oder nicht. Diese Frage kann ich dir im eigentlichen Sinn nicht beantworten, und ich möchte es auch nicht. Denn die Entscheidung, ob du darfst oder nicht, kann ich dir nicht abnehmen, sondern wichtig ist, und das ist meine Erfahrung aus Gesprächen mit sehr vielen Jugendlichen, daß du für dich diese Frage selbst beantwortest und für dich prüfst, ob du dich mit deiner Antwort wohlfühlst.

Aber du mußt dir nicht nur selbst Antwort geben, sondern auch die Verantwortung dafür tragen, denn auch die kann dir keiner abnehmen. Ich habe mich schon oft gefragt, warum so viele Jugendliche gerade bei dieser Frage praktisch um ›Erlaubnis‹ fragen, obwohl sie ansonsten für sich sehr eigen- und selbständig leben. Aber das scheint eine Frage zu sein, wo es für sie wichtig ist, daß jemand da ist, der ihnen praktisch die Verantwortung an dieser Entscheidung abnimmt. Diese Frage hat sicherlich auch eine Entlastungsfunktion, weil sie in sehr vielen Beziehungen ein starkes Gewicht hat und darum vermieden wird, sie eindeutig anzusprechen. Der eine Partner denkt, es wird sich schon irgendwie ergeben, während der andere meint, noch keinen Geschlechtsverkehr zu wollen. Ein weiterer Grund für diese Frage liegt sicherlich darin, daß für eine große Anzahl von Jugendlichen der Geschlechtsverkehr etwas ganz Besonderes ist und von daher die Entscheidung nicht leichtfertig getroffen wird.

Für viele Jugendliche gibt es religiös-ethische Gründe, möglichst

lange zu warten. Das bedeutet für einige Jugendliche, daß sie den Zeitpunkt des ersten Geschlechtsverkehrs aufschieben möchten bis in die Ehe. Für sie ist der gemeinsame Geschlechtsverkehr die intensivste Form der Begegnung und hat einen so hohen Stellenwert in ihrem Leben, daß sie ihn nur mit dem Menschen erleben möchten, den sie heiraten. Damit bekommt der Geschlechtsverkehr für sie den Wert der Einzigartigkeit. Für sie ist sehr häufig auch Geschlechtsverkehr verbunden mit der Einstellung, daß der Geschlechtsverkehr offen sein soll für die Zeugung neuen Lebens. Manchmal bringt diese Einstellung das Problem mit sich, daß diese Jugendlichen zu früh heiraten, auch deshalb, um ihre Sexualität nun leben zu können. Dabei kann dann die Frage, ob das auch wirklich der richtige Partner für eine Ehe ist, zu kurz kommen.
Neben dem klaren Nein zum vorehelichen Geschlechtsverkehr gibt es eine andere Einstellung, die viele Jugendliche stärker unter Druck setzt und die auch heute weit verbreitet ist: es ist der Zwang zur sexuellen Befreiung. Einige Jugendliche haben eine Reihe von Schwierigkeiten, weil sie aus dem Druck heraus, nun auch endlich mal Geschlechtsverkehr zu haben oder weil man als 16jährige doch keine Jungfrau mehr sein darf, eine sexuelle Beziehung eingegangen sind, ohne daß sie sich innerlich reif dazu fühlten.
Beide Positionen, werden sie rigoros vertreten, nur des Durchhaltens wegen oder weil es alle so machen, halte ich für problematisch, sowohl das zwanghafte Nein als auch ein zwanghaftes Ja. Und darum kann ich eigentlich nur nocheinmal betonen, daß es mein Anliegen ist, sich bei der Entscheidung klar zu werden, ob es wirklich der eigene Wunsch ist, dieses oder jenes zu tun oder zu lassen.
Wenn man Jugendlichen die Frage stellt, wann man denn mit seinem Freund bzw. seiner Freundin schlafen darf, erhält man häufig folgende Antworten:

»Wenn man Lust dazu hat.«
»Man sollte doch mindestens 18 Jahre alt sein.«
»Man muß genügend Geld verdienen, um eventuell für ein Kind aufkommen zu können.«

»Man darf nur in der Ehe Geschlechtsverkehr haben.«
»Man muß sich schon sehr gut kennen und lange miteinander befreundet sein oder gar zusammen leben« usw.

Und spätestens dann merken die meisten, daß man so generell auf die Frage nicht antworten kann, weil diese Antworten dem Problem des einzelnen – und damit deiner Situation – nicht gerecht werden. Die Antwort darauf kannst du dir nur selbst geben; ein Außenstehender kann höchstens einige Kriterien anführen, die bei einer solch wichtigen Frage von Bedeutung sein können. Einige Kriterien möchte ich nennen. Verstehe sie als Anhaltspunkte, wann du dich nicht auf einen Geschlechtsverkehr mit deinem Partner einlassen solltest:

- Wenn dein Partner ein anderes Tempo hat als du, kommt es leicht dazu, daß einer auf den anderen Druck ausübt. Meistens ist das derjenige, der gerne »weiter gehen« möchte. Die meisten Jugendlichen haben zu Beginn ihrer Freundschaften die Schwierigkeit, deutlich ihre Grenzen zu setzen und Nein sagen zu können. Dann ergibt sich schnell die Situation, daß du etwas tust, was du eigentlich nicht möchtest. Wenn du dich auf etwas einläßt, was du nicht willst, handelst du gegen dich und gegen deine Gefühle. Du nimmst dich dann selbst nicht ernst, sondern beugst dich dem Druck, weil du Angst hast vor einem Krach oder davor, deinen Freund oder deine Freundin zu verlieren, oder vielleicht auch nur deshalb, weil du im Moment eigentlich selbst nicht genau weißt, was du willst. In jedem Fall aber verhindert es, daß du dich frei und aufrichtig fühlst, wenn ihr zusammen seid. Darum ist es wichtig, daß du für dich erkennst, was du möchtest. Laß dich also nicht auf etwas ein, wozu du nicht bereit bist.
- Neben dem Druck, der von deiner Freundin oder deinem Freund ausgeht, gibt es auch so etwas wie »Gruppendruck«. Er ist bei vielen Jugendlichen, die in einer Clique sind, unter Umständen sehr groß. Vielleicht kennst du das auch, daß man in der Clique darüber spricht, ob man eine Beziehung hat und ob man denn schon mit jemandem geschlafen hat. Wenn das nicht der Fall ist, dann wird sehr schnell der eine oder andere heruntergemacht oder als »Homo« bezeichnet.

Auch dieser Druck kann dich unter Umständen dazu bringen, mit deinem Partner zu schlafen, obwohl ihr beide es eigentlich noch gar nicht wollt. Ich möchte euch raten, diesem Druck auszuweichen und euch nach euren eigenen Wünschen und Bedürfnissen, Gefühlen und Stimmungen zu richten. Laßt euch nicht von außen etwas aufzwingen.

- Ich halte es auch für falsch, mit seinem Partner zu schlafen, wenn die Beziehung ansonsten nicht zärtlich ist. Das Miteinanderschlafen muß eingebettet sein in den Rahmen anderer Zärtlichkeiten. Geschlechtsverkehr ist eine besondere Form der Zärtlichkeit und darum ist es wichtig, daß die Beziehung durch Zärtlichkeit gekennzeichnet ist. Dazu gehört nach meinem Verständnis auch, daß sich die Freundschaftsbeziehung auch noch durch etwas anderes auszeichnet als durch Körperlichkeit: durch gutes Verstehen, gegenseitiges Vertrauen, gemeinsame Aktivitäten etc. Ich glaube, wenn die Sexualität das einzige Kennzeichen der Beziehung ist, dann kommt es über kurz oder lang in dieser Freundschaft zu Problemen.
- Nur mal so nebenbei miteinander schlafen. Auch das halte ich für sehr problematisch. Wenn du mit deinem Partner schlafen willst, ist es wichtig, daß ihr genügend Zeit und den richtigen Raum habt, um miteinander die Nähe, das Vertrauen und die Zärtlichkeit miteinander leben und um euch ganz aufeinander einlassen zu können. Nur mal nebenbei, womöglich noch mit der ständigen Angst im Nacken, von irgendjemandem entdeckt zu werden, ist ein mehr als unpassender Rahmen, um miteinander zu schlafen. Vor allem beim ersten Mal, aber auch danach, ist es wichtig, daß ihr euch ganz entspannen könnt und Zeit habt, um alles in Ruhe zu genießen. Denn gerade bei den ersten Malen steht ihr zusätzlich noch in der besonderen Situation der Neuheitserfahrung.
- Du solltest nicht mit deinem Partner schlafen, wenn du merkst, daß er eigentlich auf deine Gefühle und Erwartungen, auf deine Hoffnungen und Sehnsüchte nicht eingeht und ihnen nicht Rechnung tragen will. Wenn er rücksichtslos mit dir umgeht und nur auf seine eigene Befriedigung bedacht ist, so ist das eine sehr schlechte Basis. Unter diesen Bedingungen ist der gemeinsame Geschlechtsverkehr eher falsch.

- Du kennst sicherlich den Spruch: »Wenn du weiterhin meine Freundin bzw. mein Freund sein willst, dann mußt du jetzt auch mal mit mir schlafen.« Auch das ist eine ungute Voraussetzung, wenn du mit deiner Freundin oder deinem Freund schlafen willst. Denn wenn ihr sexuell miteinander zusammensein wollt, ist es wichtig, daß ihr euch dazu frei und offen genug fühlt, um euch ganz hinzugeben. Unter Zwang ist das nicht möglich. Genauso gefährlich ist es, sich den sexuellen Kontakt unter Androhung von Brutalität und Zwang – was auch in einer festen Beziehung eine Vergewaltigung ist – erzwingen zu wollen. Du verdirbst dir dabei für dich und deinen Partner viel mehr, als du vorher vielleicht ahnst.
- Wenn du unter Alkohol oder Drogen stehst und deine Sinne benebelt sind, dann solltest du dich auf keinen Fall darauf einlassen, mit jemandem zu schlafen, denn damit wird diese Form der Zärtlichkeit abgewertet, und du kannst keine freie und bewußte Entscheidung dafür oder dagegen treffen. Auch solltest du den Alkohol nicht benutzen, um – wie man so sagt – deine Hemmungen etwas zu lösen oder damit du dich etwas lockerer fühlst. Durch Alkohol und Drogen wird man nicht lockerer, sondern nur leichter manipulierbar.
- Ein weiterer Punkt, sicherlich nicht der letzte, den ihr bedenken solltet, ist die Frage nach den nötigen Verhütungsmitteln. Wenn ihr den möglichen Konsequenzen des Geschlechtsverkehrs nicht Rechnung tragt, dann solltet ihr auf keinen Fall miteinander schlafen. Es wäre verantwortungslos gegenüber euch selbst, aber auch gegenüber dem möglicherweise entstehenden neuen Leben.

Nein sagen können und sich trotzdem lieben

Aus all diesen Fragen hast du schon gemerkt, daß es wichtig ist, in einer Liebesbeziehung nein sagen zu können und dem Partner deutlich Grenzen zu setzen. Beides ist in einer Beziehung wichtig und ein Zeichen gegenseitigen Akzeptierens. Nur dann, wenn der andere auch deutlich von deinen Grenzen weiß, kannst du sicher sein, von ihm nicht erdrückt und ganz in Anspruch genommen zu

werden. Für eine Beziehung ist es wichtig, daß beide nach ihren Gefühlen gehen und dabei sich selbst treu bleiben. Denn es ist gefährlich, wenn man sich nur um der Vermeidung einer Auseinandersetzung willen immer wieder den Wünschen des anderen anpaßt und unterordnet. Nein sagen können mußt du in jedem Stadium einer Beziehung, ob zu Beginn oder auch, wenn die Beziehung schon sehr lange besteht. Aber gerade im Anfangsstadium ist es besonders wichtig, dem Partner deutlich zu sagen, was du willst und was nicht. Denn dein Partner kann nicht riechen, wozu du Lust hast oder wie weit du gehen möchtest. Und wenn keiner von euch beiden sagt, wie weit er gehen möchte, geht ihr davon aus, daß alles in Ordnung ist, und hinterher seid ihr dann überrascht oder auch enttäuscht, daß ihr so wenig auf euch geachtet habt.
Beim Neinsagen gibt es vor allen Dingen bei Jungen ein Vorurteil, dem obendrein ein großer Irrtum zugrunde liegt. Sie meinen, daß ein Mädchen, wenn es nein sagt, noch lange nicht nein meint, sondern daß es sich dabei eher um ein Spiel handelt. Sie fühlen sich vielfach erst gebremst, wenn das Mädchen in entsprechend aggressiver Weise nein sagt. Dieses Vorurteil ist das Ergebnis der schon oft erwähnten Doppelmoral, mit der wir durch unsere Erziehung zu tun haben. Und hier ist eben das Ergebnis, daß man von einem Mädchen erwartet, daß es nein sagt, ganz gleich, ob sie das auch so meint oder nicht. Also bleibt vielfach den Mädchen in ihrer Reaktion nichts anderes übrig, als entsprechend aggressiv zu reagieren. Zu einer ähnlichen Überraschung kommt es, wenn der Junge mal nein sagt. Das trifft dann manchmal bei Mädchen auf noch größeres Erstaunen, denn dort heißt das Vorurteil: Ein Junge will ja immer!
Für deine Beziehung ist es wichtig, daß ihr beide euch gegenseitig so ernst nehmt, daß ihr das Nein des Partners auch entsprechend akzeptiert und respektiert. Es kommt darauf an, wie ihr es eurem Partner zu verstehen gebt; denn das Ziel kann ja dabei nicht sein, daß ihr euch gegenseitig kränkt. Darum solltet ihr euch früh genug sagen, was ihr wollt und was nicht, um Situationen zu vermeiden, in denen einer von euch schon so weit erregt ist oder in einer solchen Stimmung ist, daß es für ihn schwer ist, an diesem Punkt aufzuhö-

ren. Solche Situationen sind dann eher frustrierend und wenig hilfreich. Darum ist es sinnvoll, daß ihr euch früh genug darüber verständigt, »wie weit ihr miteinander gehen wollt«.

»Der Junge muß doch den ersten Schritt machen« – was Jungen und Mädchen voneinander erwarten

In diesem Zusammenhang ergibt sich noch ein weiteres Problem, das auch mit unserer Doppelmoral zu tun hat. Es ist die Erwartung an das, wie sich Jungen und Mädchen in einer Freundschaft oder Liebesbeziehung verhalten. Fast überall im Leben stoßen wir auf ganz bestimmte Rollenvorstellungen und Erwartungen. Diese gibt es natürlich auch für das Verhalten in einer Beziehung, und unsere Sexualität wird durch diese Rollenvorstellungen geprägt. So erwartet man im allgemeinen, daß der Junge schon den ersten Schritt machen wird und daß er es ist, der sich mit Mädchen verabredet.

Ein Junge muß über alles Bescheid wissen.
Er muß führen, er ergreift die Initiative.
Das Mädchen läßt sich führen.
Männer haben mehr Spaß am Sex als Frauen.
Mädchen sind zärtlicher.
Jungen wollen immer nur das eine.
Männer sind Draufgänger.
Frauen sind passiver.
Frauen wollen Zärtlichkeit und Männer Sex.
Mädchen sind zurückhaltender.
Mädchen legen viel Wert auf ihr Äußeres.
Jungen legen auf Mode keinen Wert.
Mädchen sind nach innen orientiert.
Jungen sind nach außen orientiert.

Vielleicht kennst du noch eine ganze Reihe anderer Rollenvorstellungen. Obwohl wir wissen, daß diese Rollenklischees alle Unsinn sind, werden wir von diesen Vorurteilen in unserem Mann- und Frausein geprägt. Unsere Eltern haben uns zum Teil in diesen Klischees erzogen, und auch wir werden mit diesen Maßstäben von unserer Umwelt bewertet. Das ist natürlich auch viel einfacher als sich auf jeden einzelnen neu einzustellen; aber du und ich, jeder einzelne leidet unter diesen Rollenfestlegungen. Dennoch ist es nicht so einfach, diese Rollenklischees – von denen wir wissen, daß sie Unsinn sind – zu verlassen und uns anders zu verhalten. Und was das Schlimme ist, sie verführen uns hin und wieder zum Schauspielern. Da tust du dann so, als ob du schon die ganz unheimliche Erfahrung hast und in Wirklichkeit ist es auch für dich das erste Mal. Das ist schlecht, denn Schauspielerei führt in einer Beziehung immer in eine Sackgasse. Versucht darum, aus diesen Rollenklischees herauszukommen, auch wenn es noch so schwer ist. Denn es ist für eine Beziehung tödlich (und langweilig), wenn ihr euch in solche Rollenmuster einfügt und in ihnen verharrt. Springt aus ihnen heraus, flippt aus, stellt sie auf den Kopf, bringt Bewegung in eure Beziehung!

Mal kann es schön sein, zu führen, ein anderes Mal sehr schön, geführt zu werden. Es hängt ganz davon ab, in welcher Stimmung du bist. Der Mann muß auch nicht über alles Bescheid wissen, sondern ihr solltet versuchen, euch gegenseitig und eure gemeinsame Sexualität zu entdecken. Ganz besonders problematisch ist dabei das Rollenklischee »Männer haben mehr Spaß am Sex«. Weil dies leicht dazu führen kann, daß der Junge nur auf seinen eigenen Orgasmus bedacht ist auf Kosten des Mädchens und auch das Mädchen sich entsprechend verhält. Für Jungen und für Mädchen ist Sexualität schön. Mädchen haben an Sexualität genauso viel Spaß wie Jungen. Beide haben die gleichen Rechte und Erwartungen an eine Beziehung. Darum bindet euch nicht an diese Vorstellungen, die euch von außen aufgepreßt werden, sondern verhaltet euch in eurer Liebesbeziehung so, wie ihr es möchtet. Wichtig ist, daß ihr beide dafür sorgt, daß es euch gut geht.

Was beim Geschlechtsverkehr geschieht

Sexuelle Erfahrungen können etwas Großartiges sein, wenn du und dein Partner dazu bereit seid, wenn es freiwillig geschieht und wenn ihr euch gegenseitig vertraut. Aber es können auch fürchterliche Erlebnisse dabei herauskommen, wenn das nicht der Fall ist. Die meisten Jugendlichen haben, bevor sie das erste Mal Geschlechtsverkehr haben, Pettingkontakte mit ihrem Partner. Mit Petting meint man das Berühren der Brüste des Mädchens und das Streicheln der Klitoris bzw. des Penis. Viele Jugendliche erleben den ersten sexuellen Hautkontakt als etwas sehr Aufregendes und Prickelndes. Bei dem Versuch, den Körper des anderen zu erleben und zu entdecken, wirst du merken, wie der Partner auf das Streicheln reagiert. Wenn ihr intensiv schmust und euch dabei auch sexuell erregt, kann es leicht geschehen, daß es zu Mißverständnissen kommt, weil der andere es doch nicht möchte oder daß du unsicher wirst, ob du es auch richtig machst. Ihr könnt euch dabei gegenseitig helfen, indem ihr darüber sprecht, was ihr an Berührungen gerne möchtet und wie ihr von eurem Partner gestreichelt werden wollt. Die intensive Form des gegenseitigen Streichelns braucht mehr Offenheit als das Küssen oder die normale Umarmung. Ihr macht euch gegenseitig verletzlicher; aber andererseits könnt ihr euch auch sehr viel an Zuneigung und Liebe zeigen. Sich gegenseitig zu streicheln ist eine Möglichkeit, einander Lust zu bereiten, ohne gleich eine Schwangerschaft befürchten zu müssen. Auch ist es eine nicht so intensive Form wie der direkte Geschlechtsverkehr. Aber auch hier gilt: ihr solltet es nicht tun, nur weil ihr neugierig seid oder nur mal so nebenbei, sondern es sollte ein Zeichen eurer gegenseitigen Achtung und Liebe sein, wenn ihr in dieser intensiven Form zärtlich zueinander seid und euch schöne und gute Erfahrungen bereitet. Um so wichtiger ist es, dabei auf deine eigenen Gefühle zu achten und nicht weiter zu gehen, als du willst und auch die Reaktionen deines Partners zu berücksichtigen. Durch die Reizung der Brüste beim Mädchen und ihrer Klitoris, ob nun mit der Hand oder mit dem Mund, und durch das Streicheln des Penis beim Jungen, könnt ihr euch gegenseitig zum Orgasmus führen. Das kann zum Petting dazugehören; doch es hängt davon ab, ob ihr es wollt. Petting ist eine intensive Form der Zärtlichkeit innerhalb einer Freundschaft und hat seinen Platz sicherlich nicht nach dem ersten Kuß. Um sich in aller Ruhe streicheln zu können, ist es natürlich auch notwendig, einen entsprechenden Raum, Ruhe und Zeit zu haben. Je gelöster die Atmosphäre ist – wenn ihr also nicht Angst haben müßt, daß gleich jemand zur Tür hereinstürmt oder daß ihr von irgendwem im Park überrascht werdet – desto schöner ist es auch, die Zärtlichkeit des anderen zu spüren und selbst zärtlich zu sein.

Wenn du es rein biologisch betrachtest, besteht der Hauptunterschied zwischen Petting und Geschlechtsverkehr darin, daß der Penis des Jungen beim Geschlechtsverkehr in die Scheide des Mädchens hineinkommt und ihr euch gegenseitig sexuelle Lustgefühle bereitet. Für die meisten Jugendlichen, aber auch Erwachsenen besteht jedoch ein viel größerer Unterschied zwischen Petting und Geschlechtsverkehr. Für dich wird diese Frage, ob du mit deiner Freundin bzw. deinem Freund Geschlechtsverkehr haben möchtest, viel schwieriger zu beantworten sein als die Frage der Aufnahme anderer Zärtlichkeiten.

Die meisten Jugendlichen stellen an den ersten Geschlechtsverkehr besonders hohe Erwartungen. In ihren Träumen ist es das große Erlebnis, die große Erfahrung, der Einstieg in die Sexualität der Erwachsenenwelt. Häufig ist dann die Enttäuschung sehr groß, weil man beim ersten Mal eben häufig nicht zum großen Orgasmus kommt und nicht die große Leidenschaft erlebt. Beim ersten Mal sind oft noch die Hemmungen und Ängste sehr stark, die Unsicherheit, etwas falsch zu machen, und die Ungewißheit darüber, wie der Partner auf die Berührung und Zärtlichkeit reagieren wird. Darum ist es auch sehr wichtig, daß ihr viel Verständnis füreinander habt. Viele Jugendliche sagen, daß das körperliche Erlebnis beim ersten Geschlechtsverkehr doch nicht ganz so berauschend war, wie sie es sich in ihrer Phantasie immer vorgestellt haben. Das heißt natürlich nicht, daß es für sie nicht schön war. Sie erzählen, daß das Zusammenliegen, das Füreinander-Zeit-Haben, das sich gegenseitige Spüren und Erregen für sie häufig schöner war als der direkte

Geschlechtsverkehr. Du wirst eine gewisse Einübungszeit mit deinem Partner brauchen, bis ihr aufeinander eingestellt seid und voneinander wißt, wie ihr reagiert, was ihr besonders mögt und was nicht und erfahrt, wie es für euch am schönsten ist. Vielleicht hört es sich komisch an, aber das miteinander Schlafen will auch gelernt sein. Und es ist eigentlich verwunderlich, daß viele Jugendliche, selbst jene, die schon einmal Geschlechtsverkehr hatten, so wenig über ihre und die Reaktion des Partners wissen.

Wichtig für einen befriedigenden Geschlechtsverkehr ist ein intensives Liebesspiel oder Vorspiel. Obwohl dieser Ausdruck etwas irreführend ist, denn er suggeriert, daß alles nur auf den einen Punkt des Geschlechtsverkehrs hinausläuft, und man dabei übersieht, daß die Zärtlichkeiten, die ihr euch vorher schenkt, einen Wert für sich haben. Beim Liebesspiel küßt, streichelt, liebkost, umarmt, erregt ihr euch. Das ist sehr schön und wichtig. Für das Mädchen ist es besonders gut, wenn sie sehr erregt ist, bevor es zum »eigentlichen« Geschlechtsverkehr kommt. Denn dadurch wird die Muskulatur der Vagina auf das Eindringen des Penis vorbereitet und die Scheide feucht. Die Zärtlichkeiten, die ihr beim Liebesspiel austauscht, sind etwas Wunderbares, denn dadurch könnt ihr euch eure Nähe zeigen, euch Wärme und Geborgenheit schenken, eurer Liebe Ausdruck geben. Ihr bekommt ein Gefühl füreinander und entdeckt eure Haut, ihr merkt, wie ihr reagiert und könnt es genießen, euch langsam zu erregen. Du merkst sicherlich schon, daß es wichtig ist, daß ihr, wenn ihr miteinander schlaft, genügend Zeit und Ruhe habt, um alles genießen zu können. Denn dann könnt ihr lernen, alle Sinne eures Körpers zu benutzen. Beim gegenseitigen Streicheln eurer Haut werdet ihr merken, daß ihr an den verschiedensten Stellen eures Körpers unterschiedlich empfindet. Sich ausgiebig zu streicheln, sich intensiv zu küssen, sich zu berühren, sich aneinanderzuschmiegen und zu kuscheln, sind eine ideale Vorbereitung auf den eigentlichen Geschlechtsverkehr.

Dabei könnt ihr die unterschiedlichsten Haltungen einnehmen, wie z. B. sitzend, stehend oder liegend. Wenn manche sich unterhalten, bekommt man allerdings den Eindruck, daß es bei der Sexualität mehr um Haltungsakrobatik geht als darum, sich gegenseitig Lust zu bereiten. Viel wichtiger als die Stellungen ist es, daß die Haltungen für euch angenehm sind und ihr euch dabei wohlfühlt. Optimal ist es, wenn es möglich ist, daß die Klitoris der Frau genügend stimuliert wird. Ob nun der Junge oder das Mädchen oben liegt, ist ganz egal, wichtiger ist, daß es für euch beide anregend ist. Mit der Zeit werdet ihr sicherlich die Haltungen herausfinden, die für euch am schönsten sind.

Wenn ihr zum Geschlechtsverkehr bereit seid, führt einer von euch am besten mit der Hand den Penis in die Scheide ein. Bereit zu sein heißt dabei, daß der Penis erigiert ist bzw. daß die Venuslippen feucht geworden sind und der Beckenbereich erregt ist. Die Phase der Vereinigung und des Ineinanderseins ist mit vielen Gefühlen verbunden. Viele Menschen umschreiben diese mit der Sehnsucht, mit dem anderen ganz zu verschmelzen, in den anderen reinzukriechen, sich ganz weit für den anderen zu öffnen, vom anderen umfangen zu werden oder mit dem Gefühl tiefer Geborgenheit. Wenn der Penis in die Scheide eingedrungen ist und ihr eure Hüften und das Becken bewegt, so daß ihr euch aneinander reibt, der Penis sich in der Scheide bewegt und die Scheide den Penis umfängt, wird eure Erregung weiter steigen und kann bei einem oder bei beiden zum Orgasmus führen. Der Orgasmus ist eine sehr starke Empfindung*, die sehr unterschiedlich erlebt wird und die auch bei dir immer anders ist. Mal kommt er ganz leise und sanft, ist kaum zu spüren, ein anderes Mal ist er wie ein Orkan, der deinen ganzen Körper mitreißt und den du rausschreien willst, oder er kommt ganz zärtlich und warm. Er kann dir ein Gefühl geben, als ob du schwebst oder dich auflöst, in den anderen hineinfließt, oder von totalem Einssein mit deinem Partner.

Häufig ist es zu Beginn so, daß der Junge zum Höhepunkt kommt, kurz nachdem sein Penis in die Scheide des Mädchens gelangt ist. Das liegt vor allem daran, daß der Penis bei den Bewegungen direkt, während die Klitoris meist nur indirekt stimuliert wird. Durch den Penis werden die inneren angeschwollenen Venuslippen bewegt, und diese sind mit der Klitorishaube verbunden, die dann einen Reiz

* Zum Thema *Orgasmus* steht noch einiges im Kapitel »Wir reagieren auf sexuelle Reize«.

auf die Klitoris ausübt. Zwar ist auch die Scheide sexuell empfindsam, doch am wichtigsten für den Orgasmus des Mädchens ist die Klitoris. Viele junge Mädchen brauchen eine längere sexuelle Stimulierung, bis sie zum Orgasmus kommen. Auf diese Ungleichzeitigkeit solltet ihr achtgeben, damit beim Geschlechtsverkehr niemand »zu kurz kommt«. Verhaltet euch so, daß ihr beide genügend Spaß habt und Befriedigung erfahrt. Wenn der Junge erst zum Orgasmus kommt, ist es anschließend häufig sehr schwierig, mit dem erschlafften Penis die Klitoris der Partnerin bzw. die Venuslippen zu stimulieren. Dann ist es ja auch noch möglich, durch direkte Stimulierung mit der Hand oder dem Mund oder andere Möglichkeiten der Berührung die Klitoris zu erregen.

Es gibt nicht nur einen Weg, um Orgasmus zu bekommen. Alles, was dazu führt, was du für dich und deinen Partner akzeptieren kannst, ist richtig. Manchmal geschieht es auch, daß einer oder beide Partner keinen Orgasmus bekommen, was eigentlich gar nichts ausmacht, wenn ihr nicht meint, daß es so sein muß. Beim miteinander Schlafen kommt es zu einer Menge angenehmer Gefühle und Empfindungen auch ohne Orgasmus. Sehr viele Jugendliche meinen, sie müßten unbedingt zum Orgasmus kommen. Dabei hat sich bei so manchen der Mythos festgesetzt, nur ein gemeinsamer Orgasmus sei die absolute Spitze und bewirke einen regelrechten »Gleichzeitigkeitskomplex«. Dieser verhindert dann häufig, daß keiner von beiden oder daß nur einer zum Orgasmus kommt, weil man so damit beschäftigt ist und darauf konzentriert ist, gleichzeitig zum Orgasmus zu kommen. Das ist großer Unsinn. Zwar ist es sehr schön, wenn beide gleichzeitig Orgasmus haben, aber es ist auch sehr erregend und schön, den Partner dabei zu beobachten, wenn er seinen Höhepunkt hat und wenn man die beiden Orgasmen im Nacheinander genießen kann. Daß es zu diesem Mythos des gleichzeitigen Orgasmus gekommen ist, liegt an den vielen Liebesfilmen und Romanen, wo von besonderen ekstatischen Gefühlen geschwärmt wird. Laßt euch dadurch aber nicht beeinflussen. Viel wichtiger ist es, daß ihr beide glücklich und zufrieden seid.

Geschlechtsverkehr erfährt jeder einzelne und jedes Paar immer wieder anders. Mal ist er geprägt von Leidenschaft und Ekstase, mal verspielt und zärtlich, mal etwas aggressiver und dynamischer, mal lustig, mal gefühlvoll oder auch mal frustrierend oder gar langweilig. Darum ist es auch sehr wichtig, daß ihr eure Gefühle dabei nicht verstellt, sondern euch dem Partner so zeigt, wie es im Moment in euch aussieht. Meistens empfindet jedoch das Paar beim Geschlechtsverkehr eine sehr große Nähe zueinander. Gefühle wie Geborgenheit, Nähe und Vertrautheit sind in einem zu spüren mit dem Rhythmus des Erregtseins, der gemeinsamen Lust und der gemeinsamen Befriedigung. Die Erfahrung, dem anderen Lust und Befriedigung zu bereiten, ihn die ganze Zärtlichkeit spüren zu lassen und das gleiche vom Partner zu erfahren, bewirkt diese angenehme Stimmung, auch wenn du nicht jedes Mal etwas ganz Besonderes erwarten solltest. Zu einer »abgerundeten Erfahrung« gehört es, nach dem eigentlichen Geschlechtsverkehr noch genügend Zeit füreinander zu haben. Das anschließende Beieinanderliegen, das gegenseitige Kuscheln, die Wärme des anderen Körpers zu spüren, den Partner zu riechen und zu fühlen, ihn entspannt zu sehen, machen den Geschlechtsverkehr zu dieser intensiven Form der gemeinsamen Begegnung.

Die Natur hat uns nicht eingegeben, zu wissen, was für dich und deinen Partner schön ist; das müßt ihr erproben und ausprobieren. Dazu ist es wichtig, daß ihr euch gegenseitig sagt, was für euch schön ist und was du von deinem Partner erwartest, denn er kann dir deine Wünsche nicht von den Augen ablesen.

Über Sexualität sprechen

Über sexuelle Gefühle und Stimmungen mit jemandem zu sprechen, ist nicht einfach. Wir haben es alle nicht gelernt, jemandem solche Gefühle mitzuteilen. Deshalb darfst du dir gegenüber auch nicht zu streng sein, wenn es dir nicht gelingt, mit deinem Partner über deine sexuellen Gefühle zu sprechen. Das erfordert Übung. Deswegen solltet ihr immer wieder versuchen, über eure Sexualität miteinander zu sprechen. Es kann sein, daß das notwendig ist, während ihr zärtlich seid, z. B. wenn plötzlich jemand von euch merkt, daß er schlechte Gefühle bekommt oder er irgend etwas nicht möchte. Aber es ist auch gut und schön, wenn ihr einmal nachträglich, am nächsten Tag vielleicht, wenn ihr spazieren geht oder sonstwie zusammen seid, darüber redet. Dabei kommt es natürlich darauf an, wie ihr miteinander sprecht. Das ist vor allem dann wichtig, wenn du deinem Partner sagen möchtest, daß dir irgend etwas an dem, wie ihr euch zueinander verhaltet oder wie ihr ganz bestimmte Zärtlichkeiten austauscht, nicht gefällt. Vernichtende Kritik oder »herummotzen« bringen nichts, sondern belasten eure Beziehung nur. Gut ist es immer, wenn es dir gelingt, gleich eine Alternative mit aufzuzeigen, damit dein Partner weiß, was für dich schön ist und was du willst. Denn nur du kannst ja für dich wissen, was bei dir gute Gefühle auslöst und was dir Spaß macht. Wenn ihr über eure Gefühle sprecht, dann denkt daran, daß euer sexuelles Zusammensein und eure Sexualität von euch stets anders erlebt werden, daß es dabei kein richtig oder falsch und auch kein »das muß aber so und so gehen« gibt. Die Richtschnur kann nur sein, daß ihr euch dabei gut fühlt. Wenn es euch schlecht geht, versucht es möglichst direkt mit eurem Partner zu klären. Je länger ihr solche Punkte verheimlicht, verdrängt oder aufschiebt, um so belastender wird sich das auf eure Beziehung auswirken. Wenn erst einmal ein Graben entstanden ist, wird es mit der Zeit immer schwerer, ihn zu überspringen. Und irgendwann wird sich das dann rächen, indem ihr eurem Freund oder eurer Freundin nur noch Vorwürfe an den Kopf werfen könnt. Wenn dir also etwas an deiner Beziehung liegt, solltest du versuchen, möglichst alle Punkte, die dich stören, die dir Angst machen und die bei dir unsichere oder ungute Gefühle auslösen, direkt anzusprechen. Neben dieser Erfahrung, daß es wichtig für eine Beziehung ist, über sexuelle Gefühle und Stimmungen zu sprechen, um Mißverständnisse zu vermeiden, kann es auch sehr lustvoll sein, über die eigenen sexuellen Erfahrungen mit dem Partner zu sprechen. Denn es ist auch wichtig, dem anderen zu sagen, was für dich schön ist, was du an ihm reizvoll erlebst, was dir Lust bereitet und warum du gerade ihn anziehend findest.

Aber vielleicht geht es dir auch so wie vielen Jugendlichen, die ich auf Kursen kennengelernt habe und die Schwierigkeiten damit hatten, überhaupt Worte wie Geschlechtsverkehr, Klitoris, Scheide, Penis auszusprechen, ohne rot zu werden oder zu stottern. Wenn es dir so geht, dann versuche es erst einmal allein, vielleicht wenn du vor dem Spiegel stehst, diese Worte zu sprechen. Dann wird es dir auch hinterher in deiner Beziehung leichter fallen, darüber zu reden.

Probleme, die es bei der Sexualität geben kann

Fast jeder von uns hat im Laufe seines Lebens Probleme mit seiner Sexualität. Begriffe, die man in diesem Zusammenhang häufig hört, sind *Frigidität* und *Impotenz*. Du kennst diese beiden Begriffe sicherlich auch. Frigidität bedeutet, daß eine Frau beim Geschlechtsverkehr selten oder nie zum sexuellen Höhepunkt kommt. Die eigentliche Übersetzung des lateinischen Wortes Frigidität ist »kalt«. Das bedeutet aber nicht, daß Frauen kalt sind, die Schwierigkeiten haben, einen sexuellen Höhepunkt zu erreichen. Sie können genauso warm und herzlich sein wie jede andere Frau auch. Wenn du Schwierigkeiten hast, Orgasmus zu bekommen, quälst du dich vielleicht mit dem Gedanken herum, frigide oder gar gefühlskalt zu sein. Beide Begriffe sind grundsätzlich falsch. Frigidität bzw. Gefühlskälte sind Krankheitsbegriffe, die nur auf ganz wenige Frauen bzw. Mädchen zutreffen. Sie meinen, daß ihnen das Verlangen nach sexuellem Kontakt völlig fehlt und sie dementsprechend auch unfähig sind, Orgasmus zu haben. Diese Störungen haben nur ganz selten körperliche Ursachen, sondern werden fast immer durch seelische Entwicklungen ausgelöst.
Mädchen, die noch sehr jung sind und nicht oft mit ihrem Freund schlafen, haben selten oder nie Orgasmus. Das ist nicht ungewöhnlich, und sie sind deshalb nicht frigide. Zwar empfinden Mädchen die Zärtlichkeiten und die Lustgefühle, doch zu Beginn können diese

verschwinden, wenn der Junge in sie eindringt. Wenn es dir so geht, kann ich dir nur raten, nicht die Geduld zu verlieren und mit deinem Partner darüber zu reden. Mädchen lernen oft erst im Laufe der Zeit, Orgasmus zu bekommen. Häufig aber wirst du schnell ängstlich, weil du denkst, alle anderen haben einen, nur ich nicht. Bin ich etwa krank? Das bedrückt dich dann noch mehr und verhindert, daß du beim nächsten Mal Orgasmus bekommst. Du solltest ausprobieren, auf welche Art und Weise du Lust verspürst, um dann nach einer gewissen Zeit zu sehen, wie es dir beim Geschlechtsverkehr geht. Eine ganze Reihe von Mädchen und Frauen bekommen beim Geschlechtsverkehr nie einen Orgasmus und ziehen darum für sich andere Formen der Zärtlichkeit vor.

Das Empfinden beim Geschlechtsverkehr ist immer unterschiedlich, einmal ist es für dich sehr stark, mal nur schwach. Auf keinen Fall solltest du aber deinem Partner etwas vorspielen, was du selbst nicht fühlst. Mach ihm also nicht den großen Orgasmus vor, wenn du keine Gefühle beim Geschlechtsverkehr hast. Das ist sowohl für dich als auch für deinen Partner nicht gut. Durch das Theaterspielen steigerst du dich nur weiter in eine Sackgasse hinein. Richtiger ist es, wenn du über deine Schwierigkeiten sprichst und ihr dann gemeinsam versucht, etwas dagegen zu unternehmen. Sei es, daß du ihm zeigst, wie er dich streicheln kann, ohne daß du Angstgefühle oder Hemmungen bekommst, oder daß ihr eine Zeitlang auf Geschlechtsverkehr verzichtet oder daß ihr eventuell eine Beratung aufsucht.

Praktisch das Gegenstück zur Frigidität bei der Frau ist die Impotenz beim Mann. Das bedeutet, daß du im entscheidenden Moment keine Erektion hast. Dieser Gedanke macht vielen Jungen große Sorge. Im ganz engen Zusammenhang damit steht das, was man unter dem Stichwort ›Leistungsdruck beim Sex‹ versteht. Dieser entsteht z. B., wenn sich der Junge in die Rolle hineinphantasiert, stets der große potente Liebhaber sein zu müssen, der das Mädchen gleich mehrere Male hintereinander befriedigen kann, oder aber auch durch die Sexprotzereien, die in manchen Jungenkreisen zum ständigen Gesprächsthema gehören. Was dort so erzählt wird, solltest du nicht für bare Münze halten. Die meisten Männer waren schon einmal in der Situation, daß sie keine Erektion bekamen oder daß sie nicht bestehen blieb. Das ist nichts Außergewöhnliches. Zum Problem wird es häufig erst dadurch, daß du dir ständig Sorgen darüber machst und deine Gedanken darum kreisen. Gewöhnlich sind die Probleme bei der Erektion nicht auf deinen Körper zurückzuführen, sondern auf Gedanken und Gefühle, die dich im Moment stärker beanspruchen, wie z. B. die Sorge, daß du überrascht werden könntest; du hast Angst, daß das Mädchen schwanger werden könnte; du hast Sorgen, daß du keine Erektion bekommst; du bist nervös, weil es für dich das erste Mal ist, für dich ist Nacktheit etwas Peinliches usw. Solche Gedanken können dazu führen, daß eine Erektion nicht möglich ist oder daß der Penis erschlafft. Fast immer stecken hinter Erektionsschwierigkeiten Ängste, daß irgend etwas nicht richtig klappen könnte. Für viele Jungen und Männer ist die fehlende Erektion ein schockierendes Erlebnis, das sie dann immer wieder beunruhigt, und eventuell verhindert gerade diese Sorge beim nächsten Mal eine Erektion, so daß sich leicht ein Kreislauf entwickeln kann. Dadurch entstehen noch mehr Ängste und Minderwertigkeitsgefühle. Angst und Sex schließen sich aus. Wenn du Probleme mit der Erektion hast, ist es für dich wichtig, daß du beim Geschlechtsverkehr entspannt bist und daß ihr genügend Zeit habt. Wenn ihr euch Zeit nehmt und gemeinsam auch über die Angst einer fehlenden Erektion redet, dann verschwindet meistens das Problem fast von alleine. Manchmal hilft es, eine Zeit auf den Geschlechtsverkehr zu verzichten. Ein anderer Grund für eine fehlende Erektion kann auch in starkem Alkohol- und Drogenkonsum liegen. Wenn du nie eine Erektion bekommst, auch dann nicht, wenn du allein bist, solltest du einen Arzt aufsuchen. Allerdings kommt dies höchst selten vor, daß jemand nie eine Erektion hat. In diesem Zusammenhang ist es wichtig zu wissen: Die meisten Mädchen lieben einen Jungen nicht wegen seiner Erektionsstärke oder der Dauer der Erektion, sondern sie lieben ihn aus ganz anderen Gründen. Potenzprotze sind bei Mädchen nicht gefragt, liebevolle und zärtliche Jungen, mit denen sie auch mal über sexuelle Gefühle reden können, sind den meisten Mädchen lieber.

Neben Frigidität und Impotenz gibt es noch einige andere Probleme, die beim Geschlechtsverkehr auftreten können. Beim Mädchen können Schmerzen beim Eindringen des Penis auftreten. Manche Mädchen haben beim ersten Geschlechtsverkehr keine Schmerzen. Bei anderen schmerzt es beim ersten Mal, und zwar durch die Dehnung des Hymen (Jungfernhäutchen) und weil die Scheidenöffnung noch nicht weit genug gedehnt ist. Dann ist es notwendig, daß dein Partner sehr vorsichtig ist und ihr nur sehr langsam vorgeht. Er wird dann merken, wenn es dir wehtut, und du solltest es ihm auf jeden Fall sagen.

Wenn die Venuslippen des Mädchens noch zu trocken sind, kann es ebenfalls schmerzhaft sein, wenn der Penis eindringt. In der Regel ist das ein Zeichen dafür, daß das Mädchen noch nicht genügend erregt ist und sich deshalb noch keine Sekrete an der Scheidenöffnung abgesondert haben. Dann solltet ihr euch mehr Zeit zu eurem Liebesspiel lassen und die Klitoris sowie die Scheide intensiver stimulieren. Falls dann die Scheide immer noch nicht feucht wird, was allerdings ganz selten der Fall ist, könnt ihr ein Gleitmittel benutzen, das auf den Penis aufgetragen wird.

Wenn du innerlich nicht zum Geschlechtsverkehr bereit bist oder du große Angst hast, schwanger zu werden, oder dich sorgst, überrascht zu werden, kann es passieren, daß sich die Muskeln an der Scheidenöffnung zusammenziehen, es entsteht eine Art Verkrampfung. Dann ist ein Eindringen des Penis nicht möglich. Diese Botschaft deines Körpers solltest du sehr ernst nehmen und auf sie hören, um dann gemeinsam mit deinem Freund herauszufinden, was diese Ängste bei dir auslösen. Falls du aber entspannt bist und du dennoch so reagierst, dann ist es ratsam, einen Gynäkologen aufzusuchen.

Beim Jungen gibt es neben dem Problem der fehlenden Erektion noch den frühzeitigen Samenerguß. Das kann eigentlich in jedem Alter immer wieder passieren, ist aber bei jungen Männern besonders häufig anzutreffen.

Bei jungen Männern, die bei der Masturbation sehr schnell zum Samenerguß kommen, kann dies bei den ersten Malen beim Geschlechtsverkehr auch auftreten. Für dich ist es dann wichtig, daß du langsamer vorgehst, um damit die Ejakulation etwas hinauszuzögern. Wenn du merkst, daß du beim Geschlechtsverkehr sehr schnell

zur Ejakulation kommst und dich noch etwas zurückhalten möchtest, hilft es, wenn du dich ruhig verhältst und nicht in deinen Bewegungen fortfährst. Auch das Mädchen sollte es tun, um eine weitere Stimulation des Penis zu vermeiden. Oder aber du kannst durch einen veränderten Rhythmus oder eine andere Stellung den Orgasmus hinauszögern. Allmählich wirst du den Zeitpunkt deines Orgasmus beeinflussen lernen. Aber auch das hat bei vielen Männern seine Grenzen. Es kann mal ganz schön sein, seinen Körper einfach gehen zu lassen. Beim vorzeitigen Samenerguß solltest du dir auch keine Sorgen darüber machen, daß nun das Mädchen keinen Orgasmus bekommen kann. Es gibt ja auch noch viele andere Möglichkeiten, deine Partnerin zu befriedigen.
Zum Abschluß dieses Kapitels möchte ich euch drei Übungen vorschlagen, die ihr zusammen machen könnt und die euch dabei helfen sollen, den anderen besser kennenzulernen und Neues an euch und am anderen wahrzunehmen:

Bei der ersten Übung ist einer von euch der eher passive Teil und der andere der mehr aktive Teil. Einer von euch legt sich dabei hin, und der andere streichelt ihn etwa zehn Minuten lang überall da, wo er es gerne möchte. Dann hat der, der bisher gestreichelt wurde, zwei Wünsche offen, wo er nochmals gestreichelt werden möchte. Danach wechselt ihr die Rollen. Abschließend erzählt ihr euch, wie es euch dabei ergangen ist, was besonders schön war, ob etwas unangenehm war und in welcher Rolle ihr euch wohler gefühlt habt.

Auch bei dieser Übung geht es um Streicheln und Berühren des Körpers. Dazu braucht ihr unterschiedliche Materialien, wie z. B. ein Stück Seidenstoff, ein kleines Stück Fell, eine Feder, ein Stück Samt, Wolle oder andere Materialien, von denen ihr meint, daß sie angenehm sind, mit ihnen die Haut zu berühren. Dann fangt ihr an, euren Partner zu streicheln. Dieser kann versuchen, zu erraten, mit welchem Material er gestreichelt worden ist. Ihr solltet dabei darauf achten, wie unterschiedlich eure Haut reagiert, wenn sie mit den verschiedenen Materialien berührt wird, wo es besonders und an welchen Stellen es weniger angenehm ist.

Bei dieser Übung habt ihr die Möglichkeit zu lernen, die eigenen Bedürfnisse und Wünsche auszusprechen und sie anschließend umzusetzen. Versucht euch dabei an folgenden Dialog zu halten: »Ich möchte, daß du mich streichelst.« Daraufhin sagt der andere: »Ja, ich möchte dich streicheln, und zwar . . .« (ihr solltet formulieren wo und wie ihr euren Partner streicheln wollt). Dein Partner hat dann die Möglichkeit zu sagen: »Ja, ich möchte, daß du mich so streichelst«, oder: »Nein, ich möchte nicht, daß du mich so streichelst«. (Bei einer Verneinung geht der Dialog von vorne los, und ihr solltet dann eine andere Stelle oder eine andere Art zu streicheln nennen.) Wenn ihr in dieser Form einige Zeit miteinander gesprochen

und euch gestreichelt habt, wechselt ihr die Rollen, so daß jetzt derjenige, der streichelte, selbst gestreichelt wird. Danach verändert ihr die Dialoge in folgender Form: »Ich möchte, daß du mich streichelst, und zwar . . .« (ihr solltet nun formulieren, wo und wie ihr gestreichelt werden wollt). Euer Partner sollte darauf antworten: »Ja, ich möchte dich so streicheln«, oder wenn es ihm unangenehm ist: »Nein, ich möchte dich so nicht streicheln« (bei einer Verneinung geht der Dialog wieder von vorne los und ihr benennt dann eine andere Stelle, an der ihr gestreichelt werden wollt oder auch eine andere Form). Wenn ihr so die Dialoge einige Zeit geführt und ihr euch gestreichelt habt, wechselt ihr die Rollen erneut.
Nach der Übung, bei der ungefähr jede Dialogform eine Viertelstunde betragen sollte, redet ihr darüber, wie es euch dabei ergangen ist. Erzählt euch, was euch dabei leicht und was euch schwer fiel. Versucht euch jetzt auch zu sagen, ob ihr ganz bestimmte Wünsche nicht geäußert habt und warum nicht. Wenn ihr merkt, daß euch diese Übungen helfen, könnt ihr sie mehrmals wiederholen.

Abschließend möchte ich euch zu den Übungen folgenden Rat geben: Benutzt sie nicht als ein Vorspiel zum Geschlechtsverkehr, sondern genießt einfach die gegenseitige Berührung, die Nähe und Geborgenheit, die euch dabei der andere schenkt. Des weiteren versucht dabei, die angegebenen Zeiten einzuhalten, auch wenn es sehr schön und angenehm ist. Und denkt daran, daß niemand von euch dabei zu kurz kommen sollte.

»Zehn Gebote« für eure Beziehung

1. Akzeptiert und respektiert euch als zwei selbständige und unabhängige Menschen.
2. Bitte deinen Partner nur um das, was du selbst auch zu geben bereit bist.
3. Eure Liebe soll der Gradmesser eurer Zärtlichkeit sein.
4. Sprecht über eure Gefühle und Stimmungen und steht zu ihnen.
5. Nehmt Verantwortung für euch wahr, sowohl für eure Entscheidungen als auch für euer Handeln.
6. Geht behutsam mit euch um und schenkt euch gegenseitige Achtung.
7. Fügt euch mutwillig keine Schmerzen zu.
8. Sagt und zeigt euch, wie ihr zärtlich miteinander sein wollt und wie es für euch am schönsten ist.
9. Gestaltet eure Sexualität macht- und angstfrei.
10. Sorgt für sichere Verhütungsmittel und zeugt kein ungewolltes Kind.

Wenn ich mit dir
zusammen bin
scheint die Luft reiner
das Waser klarer
der Himmel blauer
die Sonne wärmer
die Wiesen grüner
die Menschen freundlicher
die Sterne leuchtender
die Welt
lebenswerter.

9 Verhütung ist wichtig

Was es vorher zu bedenken gibt

Es ist leider eine Tatsache, daß sehr viele Jugendliche bei ihrem ersten Geschlechtsverkehr keine oder nur unzureichende Verhütungsmittel benutzen. Besonders jüngere Jugendliche gehen damit sehr sorglos um. Wenn du in einer festen Beziehung lebst, ist es für dich sehr wichtig, dich über Empfängnisverhütung zu informieren und dich intensiv mit deinem Partner darüber zu unterhalten. Um Empfängnisverhütung solltest du dich auch dann kümmern und bemühen, wenn du keine feste Freundschaft hast. Denn eigentlich kann man sich mit dem Thema nicht früh genug beschäftigen. Es ist eine Möglichkeit, mit deinem Körper und deinen Gefühlen in Kontakt zu kommen und mit deiner Sexualität vertraut zu werden.
In einer Beziehung ist Empfängnisverhütung nie eine einseitige Sache, sondern eine Aufgabe für beide Partner; denn ihr beide seid ja auch dafür verantwortlich, wenn es zu einer Schwangerschaft kommt. Leider verlassen sich viele Jugendliche in diesem Punkt auf den anderen und sind dann häufig auch verlassen. Der Junge denkt, das Mädchen wird sich schon darum kümmern, und viele Mädchen denken oder glauben den Versprechungen ihres Freundes, wenn dieser sagt: »Überlaß das nur mir, ich paß schon auf, daß nichts passiert.« Auf diese Weise ist es schon oft zu Schwangerschaften gekommen.
Das Hoffen darauf, daß schon nichts passiert beim Geschlechtsverkehr, ist sehr verhängnisvoll. Denn es ist eben kein Zufall oder Versehen, wenn ein Mädchen beim Geschlechtsverkehr schwanger wird, sondern es ist eher ein Zufall, wenn sie es nicht wird.
Für eure Beziehung ist es ein Zeichen von Reife und gegenseitiger Liebe, wenn ihr etwas unternehmt, um eine ungewollte Schwanger-

schaft zu verhindern. Viele Jugendliche haben in ihren Beziehungen Schwierigkeiten, über Verhütung und Verhütungsmittel zu sprechen. Wenn in deiner Beziehung Hemmungen bestehen, über Verhütungsmittel zu sprechen oder ihr euch schämt, Verhütungsmittel anzuwenden (weil dann vielleicht der andere denken könnte, daß man alles so geplant hat oder weil es dem Jungen unangenehm ist, ein Kondom über sein Glied zu streifen), dann kann das auch ein Zeichen dafür sein, daß eure Beziehung eigentlich noch nicht so weit ist, daß ihr euch noch nicht so vertraut seid, um miteinander zu schlafen. Über Verhütungsmittel zu reden und sie anzuwenden, ist etwas ganz Natürliches und sollte genauso zu eurer Beziehung gehören wie das Reden über Gefühle, die ihr dabei habt. Doch es ist zweierlei, über Verhütungsmittel zu sprechen und sie zu gebrauchen. Das Reden allein verhindert noch keine Schwangerschaft.
»Verhüterlis« zu gebrauchen ist ein Zeichen dafür, daß du dich selbst und deinen Partner wichtig nimmst. Rücksichtnahme auf den anderen heißt in einer Partnerschaft nicht, auf Verhütungsmittel zu verzichten, weil sie den anderen behindern oder in seinen Gefühlen beeinträchtigen. Genauso ist es mit dem Vertrauen darauf, daß der Junge beim Geschlechtsverkehr aufpassen wird. Auch hier ist es kein Zeichen von Vertrauen, wenn das Mädchen sich darauf einläßt und verläßt, sondern Leichtsinn. Ein Junge kann sich nicht so unter Kontrolle haben und aufpassen, daß nicht doch Samen austritt. Vertrauen zeigt sich vielmehr darin, daß beide über Empfängnisverhütung sprechen und die Mittel anwenden.
Auf einem Seminar mit Jugendlichen, bei dem es um Sexualität ging, sagte ein Mädchen: »Die Jungen würden die Sache mit den Verhütungsmitteln auch ernster nehmen und mehr überlegen, wenn sie es wären, die schwanger würden und nicht die Mädchen.« Aus diesem Satz spricht viel Wahres, denn viele Jungen kümmern sich nicht um Verhütungsmittel, haben keine Ahnung über das Für und Wider einzelner Methoden, sondern überlassen die Auseinandersetzung, das gesundheitliche Risiko und die Kosten den Mädchen. Das ist kein Zeichen von Partnerschaft und Gleichberechtigung. Aber es gibt auch Jungen, die sich Gedanken darüber machen, eine ungewollte Schwangerschaft zu verhindern. Es ist ein Zeichen für die

Reife eurer Beziehung, wenn ihr offen über Verhütungsmittel sprechen und sie anwenden könnt.
Über Methoden und Möglichkeiten, eine Schwangerschaft zu verhindern, gibt es eine Reihe Märchen und Unwahrheiten, darum möchte ich auf einige aufmerksam machen:

Unwahr ist	*Wahr ist*
– daß ein Mädchen nicht schwanger werden kann, wenn sie ihre erste Menstruation noch nicht hatte	– noch bevor ein Mädchen ihre erste Menstruation hatte, kann eine Schwangerschaft eintreten. Das ist zwar selten, aber die Möglichkeit besteht
– daß beim ersten Geschlechtsverkehr keine Schwangerschaft eintreten kann	– auch beim ersten Geschlechtsverkehr kann es zu einer Schwangerschaft kommen, genauso wie bei jedem anderen Mal
– daß ein Mädchen nicht schwanger werden kann, wenn sie keinen Orgasmus hatte	– eine Empfängnis kann auch dann eintreten, wenn das Mädchen keinen Orgasmus hatte
– daß es ganz bestimmte Kräutertees gibt, die eine Schwangerschaft verhindern	– Hausmittel bilden keinen Schutz vor einer Schwangerschaft
– daß es Stellungen beim Geschlechtsverkehr gibt, die eine Schwangerschaft verhindern	– bei jeder »Stellung« beim Geschlechtsverkehr kann es zu einer Schwangerschaft kommen
– daß ein Mädchen eine Schwangerschaft verhindern kann, wenn sie vorher oder nachher ein heißes Bad nimmt oder eine Scheidenspülung vornimmt	– Baden ist sicherlich eine hygienische Sache, aber kein Schutz vor Schwangerschaft
– daß der Junge so aufpassen kann, daß das Mädchen nicht schwanger werden wird *(Koitus Interruptus)*	– vor fast jeder Ejakulation wird bereits Samen ausgestoßen, der vom Jungen nicht wahrgenommen wird
– daß Verhütung eine Sache des Mädchens ist	– Verhütung ist eine Sache von Mädchen und Jungen und für beide gleich wichtig

Ich werde jetzt einige Verhütungsmittel etwas ausführlicher beschreiben. Das sind nicht alle Möglichkeiten, und die einzelnen Methoden können auch nicht umfassend dargestellt werden. Es soll für dich eine erste Information sein. Bei der Suche nach einer geeigneten Methode für dich und deinen Partner solltet ihr folgende Punkte bedenken:

- Wie zuverlässig ist die Methode?
- Welche Methode ist am wenigsten gesundheitsschädigend?
- Welche Methode ist dir am angenehmsten und nicht, welche ist am bequemsten?
- Wie funktioniert die Methode?
- Wie leicht oder schwer verfügbar ist die Methode für mich?
- Wie leicht kann ich die Methode anwenden?
- Wie teuer ist die Methode?

Ganz allgemein gilt, daß Verhütungsmittel, die am bequemsten anzuwenden sind, im allgemeinen die stärksten Nebenwirkungen haben und diejenigen mit den geringsten Nebenwirkungen sind entweder schwer zu praktizieren oder unsicher.
Ich habe mich auf Empfängnisverhütungsmethoden beschränkt, die entweder weit verbreitet und bzw. oder für Jugendliche gut zu gebrauchen sind. Darum ist hier über die Sterilisation, die Dreimonatsspritze und die »Pille danach« nichts zu finden.
Die jeweiligen Abschnitte mit den einzelnen Verhütungsmitteln sind in einem Dreierschritt aufgebaut.

- Im ersten Schritt wird vorgestellt, wie die Methoden wirken.
- Im zweiten Schritt geht es darum, wie sie angewandt werden.
- Im dritten Schritt geht es um die Sicherheit der Verhütungsmittel, was du bedenken solltest, wenn du das Mittel benutzt und welche Nebenwirkungen es hat.

Was du über Verhütungsmethoden wissen solltest

Die Pille

ist ein Hormonpräparat, von denen die meisten Sorten dreierlei bewirken:

1. Die Pille verhindert den Eisprung, so daß die Spermien beim Geschlechtsverkehr auf kein reifes Ei treffen.
2. Sie ändert die Gebärmutterschleimhaut derart, daß das befruchtete Ei nicht aufgenommen werden kann.
3. Sie beeinflußt den Cervix-Schleim in der Scheide so, daß diese auf die Samenzellen abweisend wirkt.

Durch das Einnehmen der Pille werden die Hormone Östrogen und Gestagen in deinem Körper vermehrt gebildet. Es entsteht der Effekt einer Scheinschwangerschaft, d. h. es werden keine reifen Eier mehr produziert. Bei Beginn der Pilleneinnahme treten darum auch etliche Merkmale wie bei einer Schwangerschaft auf, z. B.: die Brüste werden empfindlicher, Übelkeit, Müdigkeit und Gewichtszunahme treten auf. Diese Symptome verschwinden allerdings meist nach kurzer Zeit wieder. Durch den erhöhten Hormonspiegel verändert sich auch das Verhalten bei der Menstruation. Wenn du die Pille nimmst, hast du keine richtige Regelblutung mehr, sondern lediglich eine Abbruchblutung an den Tagen, an denen die Pille nicht genommen wird bzw. an denen durch das Pillenpräparat der Hormonspiegel stark abgesenkt wird.

Gebrauchsanweisung

Die Pille mußt du nach Gebrauchsanweisung nehmen, die in jeder Packung liegt. Das präzise Einhalten der Gebrauchsanweisung ist notwendig, um den Hormonspiegel in deinem Körper gleich hochzuhalten. Die Wirkung einer Tablette hält etwa 24 Stunden an und muß dann durch die wiederholte Einnahme erneuert werden. Wenn du sie einmal an einem Tag vergißt, sinkt der Hormonspiegel in

deinem Körper ab. Das bedeutet, daß in deinen Eierstöcken wieder reife Eier produziert werden können.
Die empfängnisverhütende Wirkung der Pille tritt in der Regel ein, nachdem du sie einen Monat lang regelmäßig genommen hast. In dieser Zeit besteht noch kein sicherer Schutz. Wenn du stark Durchfall hast oder dich häufig übergeben mußt, dann kann dein Körper unter Umständen nicht genügend Hormone aus der Pille aufgenommen haben, so daß die Wirkung der Pille nachläßt. In diesem Fall besteht kein sicherer Schutz. Die Pille muß dir vom Arzt verschrieben werden. Es ist sinnvoll, während der Einnahmezeit der Pille regelmäßig zum Arzt zu gehen. Er wird dir auch die richtige Sorte unter den vielen verschiedenen Pillenmarken empfehlen. Die Unterschiedlichkeit der Präparate zeichnet sich in der Menge der Hormone und der Hormonzusammenstellung aus. Die meisten sind sogenannte Kombinationspräparate, die Östrogene und Gestagene enthalten. In den Packungen sind meistens 21 oder 28 Tabletten enthalten. Bei den Packungen mit 21 Tabletten nimmst du an 21 Tagen je eine Pille, dann nimmst du sieben Tage lang keine. Zwei bis drei Tage, nachdem du die Pille abgesetzt hast, wird sich dann eine leichte Blutung einstellen. Bei den Packungen mit 28 Pillen sind 21 hormonhaltig, die restlichen sieben nicht. Sie sind dann meistens durch eine andere Farbe gekennzeichnet. Diese Pillen nimmst du also durchgehend.

Nebenwirkungen

Bei der Pille sind eine ganze Reihe von Nebenwirkungen bekanntgeworden. Darum solltest du auch regelmäßig zum Arzt gehen. Die Nebenwirkungen sind: Kopfschmerzen, Depressionen, Gewichtszunahme oder -abnahme. Die Nebenwirkungen entstehen durch den Eingriff in den Hormonhaushalt. Die Pille ist außerdem ein Präparat, das auf die Wachstumshormone wirkt, so daß der natürliche Entwicklungsprozeß vor allem bei jungen Mädchen beeinträchtigt werden kann. Schon deshalb ist es wichtig, einen Arzt zu Rate zu ziehen.

Die Pille gilt bei richtiger Anwendung als ein sehr sicheres Verhütungsmittel. Die Sicherheit eines Verhütungsmittels wird mit dem sogenannten »Pearl Index« angegeben. Dieser Wert besagt: Wenn 100 Frauen ein Mittel ein Jahr lang angewandt haben und darunter eine Frau schwanger wurde, dann hat das Mittel einen Pearl-Index von eins. Der Pearl-Index der Pille liegt zwischen 0,2 und 1.
Da die Pille regelmäßig genommen werden muß, ist es fraglich, ob sie für ein Mädchen, das selten Geschlechtsverkehr hat, geeignet ist. Der ständige Eingriff in die Entwicklung und den natürlichen Ablauf des Körpers ist bei der Pille sehr beachtlich. Darum solltest du in diesem Punkt sehr gründlich überlegen.
Die Pille kannst du in jeder Apotheke mit einem gültigen Rezept kaufen.

Die Minipille

Die Minipille enthält im Gegensatz zur »normalen« Pille kein Östrogen. Sie hemmt nicht den Eisprung, wie das die Pille tut. Sie greift also weniger in den normalen Ablauf deines Zyklusses ein. Mit der Minipille wird der Schleim im Gebärmutterhals verfestigt. So können die männlichen Samenzellen nicht in die Gebärmutter eindringen. Zusätzlich beeinflußt sie die Schleimhaut in der Gebärmutter so, daß sich kaum ein befruchtetes Ei darin einnisten kann. Wenn du also die Minipille nimmst, läuft dein Zyklus im Prinzip genauso wie sonst ab. Allerdings werden bei manchen Frauen nach einigen Zyklen mit der Minipille die Blutungen immer schwächer und können sogar ganz aufhören. Auch der Eisprung kommt nach einiger Zeit unter dem dauernden Einfluß von Gestagen immer unregelmäßiger.

Pünktliche Einnahme

Die Minipille muß »superpünktlich« genommen werden; täglich immer zur gleichen Stunde. Bei einer Verspätung von mehr als drei

Stunden ist die Sicherheit der Minipille nicht mehr gewährleistet. Noch stärker als bei der normalen Pille verliert die Minipille ihre Wirksamkeit, wenn du Durchfall hast oder dich häufig übergeben mußt.
Die Minipille wird ohne Pause genommen. Jede Packung enthält 35 Pillen und reicht damit für 35 Tage. Ist die Packung leer, beginnt man am nächsten Tag bereits mit einer neuen Packung.

Nebenwirkungen

Nebenwirkungen, wie man sie bei der »normalen« Pille kennt, gibt es bei der Minipille nicht. Einflüsse, die auftreten können, sind schwächer werdende Blutungen und unregelmäßiger Eisprung.
Die Minipille gilt als unsicherer als die normale Pille. Sie hat einen Pearl-Index von 3. Weil sie keine Östrogene enthält, empfehlen viele Ärzte für junge Mädchen die Minipille. Doch auch für sie gilt, daß durch ihren Hormongehalt ein nicht zu unterschätzender Einfluß auf deinen Körper ausgeübt wird.

Die Spirale

Spirale (IUP=Intrauterinpessar) ist eigentlich ein irreführender Begriff, denn spiralförmig ist sie im eigentlichen Sinne nicht. Über die Wirkweise der Spirale hat die Medizin eine Reihe verschiedener Erklärungen. Durch das Einlegen der Spirale in die Gebärmutter wird die Einnistung eines befruchteten Eies verhindert. Bei den Kupferspiralen werden zusätzlich kleinste Kupferteilchen abgegeben, die es dem Ei schwermachen, sich einzunisten. Die Hormonspirale sondert ständig eine kleine Menge von Gelbkörperhormonen ab, die zusätzlich eine ähnliche Wirkung zeigen wie die Minipille. Genaugenommen handelt es sich bei der Wirkung der Spirale nicht um eine Verhütung der Empfängnis, sondern um eine Verhütung der Schwangerschaft, d. h. eine Spirale verhindert die Einnistung des befruchteten Eis in die Gebärmutterwand.

Zur Zeit gibt es viele unterschiedliche Spiralarten. So haben z. B. einige die Form von einem T oder einer 7

Anwendung

Die Spirale muß dir von einem Arzt eingesetzt werden. Sie ist ein kleines Plastikteil, das in deine Gebärmutter eingesetzt wird. Es gibt sie in verschiedenen Größen und Formen. Nach dem Einlegen der Spirale empfiehlt es sich, den Arzt in den ersten drei Monaten jeweils direkt nach der Regel aufzusuchen, um festzustellen, ob die Spirale noch richtig liegt und ob Probleme aufgetreten sind. Bevor der Arzt die Spirale einlegt, wirst du sehr sorgfältig untersucht. Daneben solltest du dich alle sechs Monate untersuchen lassen, um sicher zu sein, daß die Spirale noch an der richtigen Stelle sitzt und daß keine Entzündung auftritt. Darüber hinaus ist es empfehlenswert, einmal im Monat, am besten nach jeder Monatsblutung selbst zu überprüfen, ob die Spirale noch richtig sitzt. Dies kannst du tun, indem du mit dem Finger in die Scheide tastest und die Gegend um deinen Muttermund prüfst. Wenn du den Faden nicht fühlen kannst oder wenn er sich sehr viel kürzer als sonst anfühlt, dann solltest du dich gleich mit deinem Arzt in Verbindung setzen. Wenn du die Spirale trägst, kannst du während der Regel auch Tampons verwenden. Die Spirale bleibt in der Regel so liegen, wie der Arzt sie eingelegt hat. Sie verrutscht nicht, wenn du Geschlechtsverkehr hast.

Wenn du eine Plastikspirale ohne Kupfer trägst und du damit keinerlei Schwierigkeiten hast, kannst du diese mindestens drei Jahre lang tragen, ohne sie auszuwechseln. Wenn deine Spirale Kupfer enthält, muß sie alle zwei bis drei Jahre ausgewechselt werden, weil dann das Kupfer seine Wirksamkeit verliert. Falls deine Spirale Gestagen enthält, muß sie jedes Jahr ausgetauscht werden. Dein Arzt wird dir Genaueres dazu sagen, wenn nicht, solltest du mit ihm darüber sprechen.

Nebenwirkungen

Der Nachteil der Spirale ist, daß kurz nach dem Einlegen krampfartige Schmerzen, ähnlich wie bei der Menstruation, auftreten können. Der Grund dafür liegt in der Reaktion der Muskulatur in der Gebärmutter, die den Fremdkörper auszustoßen versucht, was auch manchmal passiert. Die Schmerzen sollten aber nach etwa 24 Stunden aufhören, wenn nicht, mußt du einen Arzt aufsuchen. Auch leichte Schmierblutungen, die nach dem Einlegen auftreten können, hören spätestens nach zwei Wochen wieder auf; wenn nicht, solltest du unbedingt mit deinem Arzt darüber sprechen. Schwerwiegender jedoch sind Entzündungen im Bereich der Eileiter, die meistens als Eierstockentzündung bezeichnet werden. Diese Entzündungen treten häufiger auf bei Frauen, die noch nie schwanger waren. Darum sind viele Ärzte zurückhaltend, die Spirale bei Frauen und Mädchen einzulegen, die noch nicht schwanger waren. Diese Entzündungen können in manchen Fällen zu Unfruchtbarkeit führen. Die Menstruationsblutungen sind bei Frauen, die die Spirale tragen, meist wesentlich kräftiger. Etwa zehn Prozent aller Frauen müssen sich deshalb die Spirale wieder entfernen lassen. Entzündungen des Gebärmutterhalses oder der Gebärmutterschleimhaut, starke Schmerzen bei der Regel, gutartige Muskelgeschwulste in der Gebärmutter und der Verdacht auf Gebärmutterkrebs sind weitere Gründe, die du bedenken solltest, wenn du dir die Spirale einsetzen lassen willst. Die Spirale hat einen Pearl-Index von 2 bis 3.

Das Diaphragma

Das Diaphragma wird auch Scheidenpessar genannt. Es sieht aus wie ein gewölbtes Gummihäutchen, das von einem ebenfalls mit Gummi überzogenen Spiralring umgeben ist. Es liegt vor der Gebärmutter und ist ein »Hindernis« für die männlichen Samenzellen. Das Diaphragma wird vor dem Einführen in die Scheide zusätzlich mit einem samenabtötenden Gel oder einer Creme eingerieben und erhält so eine zusätzliche Wirkung.

Dein Arzt stellt bei der Untersuchung fest, welche Größe dein Scheidenpessar haben muß, damit es den Muttermund zuverlässig umschließt. Ein zu kleines oder zu großes Pessar ist unzuverlässig. Bei der Anpassung zeigt dir der Arzt, wie du mit dem Scheidenpessar umgehen sollst, d. h. wie es eingesetzt werden muß und wie du es herausnimmst. Es ist gut, wenn du es einige Male übst, denn das Einlegen will gelernt sein.

Anwendung

Vor dem Geschlechtsverkehr wird das Diaphragma mit einem samenabtötenden Gel oder einer Creme eingerieben und in die Scheide hineingeschoben, so daß es den Muttermund umschließt. Dabei liegt der hintere Rand des Diaphragmas hinter deinem Muttermund und der vordere Rand auf der Innenseite deines Schambeins. Wenn du das Diaphragma länger als zwei Stunden vor dem Geschlechtsverkehr eingesetzt hast, solltest du prüfen, ob es noch richtig sitzt, und noch einmal die samenabtötende Creme in deine Scheide geben.
Je kürzer die Zeitspanne zwischen Einführen des Diaphragmas mit dem Gel und dem eigentlichen Geschlechtsverkehr ist, desto sicherer und besser ist der Schutz. Nach dem Geschlechtsverkehr mußt du das Diaphragma mindestens acht Stunden in der Scheide belassen. Erst dann sind alle Spermien, die sich noch in deiner Scheide befinden, abgetötet. Während dieser Zeit solltest du keine Scheidenspülung vornehmen, nicht baden oder schwimmen. Wenn du in den folgenden acht Stunden nochmals Geschlechtsverkehr hast, solltest du jedes Mal vorher zusätzlich neues Gel oder Creme in deine Scheide einführen.
Wenn du dein Diaphragma entfernen willst, mußt du deine Zeigefinger so weit in deine Scheide einführen, bis du den Rand des Diaphragmas fühlen kannst, ziehe es vorsichtig heraus (es sollte ohne Schwierigkeiten herausgleiten). Bei den ersten Malen kann der Vorgang etwas mühsam sein, aber mit der Zeit wirst du es lernen. Um das Diaphragma zu reinigen, solltest du es mit warmem Wasser

und einer milden Seife sorgfältig abwaschen, trockne es mit einem Handtuch ab; niemals kochen, denn der Gummi würde sich dabei zersetzen und porös werden. Reinige dein Diaphragma nach jedem Gebrauch. Vor dem erneuten Gebrauch solltest du dir dein Diaphragma genau ansehen, ob es Löcher oder dünne Stellen hat. Denn bereits das kleinste Loch vermindert die Sicherheit sehr stark.
Nach einer Schwangerschaft, Fehlgeburt, Abtreibung oder bei Gewichtsschwankungen von mehr als fünf Kilogramm, solltest du vom Arzt prüfen lassen, ob dein Diaphragma für dich noch die richtige Größe hat.

Nebenwirkungen

Viele Jugendliche sagen, das Beste am Diaphragma sei, daß du es nur benutzt, wenn du es auch wirklich brauchst. Das unterscheidet das Diaphragma ganz wesentlich von der Pille und der Spirale. Nebenwirkungen des Diaphragmas gibt es im Prinzip keine. Verletzungen der Scheide oder der Gebärmutter brauchst du durch das Diaphragma nicht zu befürchten. Allerdings gibt es einige Gründe, wann die Benutzung des Diaphragmas nicht empfehlenswert ist: bei starker Scheidensenkung, bei Scheidenentzündung und bei narbigen Einengungen in der Scheide. Bei richtiger Anwendung ist das Diaphragma ein sicheres Verhütungsmittel. Es hat einen Pearl-Index von 5–7.
Vor allem, wenn du nicht so häufig und regelmäßig Geschlechtsverkehr hast, ist die Anwendung eines Diaphragmas eine vernünftige Methode. Es setzt aber voraus, daß du dich mit deinem Körper auseinandersetzen mußt, denn es bedarf einiger »Trockenübungen«, bis du die richtigen Einsetzkniffe aus dem Effeff beherrschst. Du mußt dich also gerne anfassen und fühlen können, z. B. bei der Einführung des Diaphragmas oder beim Prüfen der richtigen Lage. Das sind alles Dinge, die du leicht lernen kannst und die auch sehr schön sein können. Darüber hinaus ist es eine Methode, in die du auch deinen Partner mit einbeziehen kannst. Denn das Einlegen des Diaphragmas muß nicht unbedingt in einer »stillen Ecke« geschehen.

Das Kondom

Das Kondom oder Gummi, Präservativ, Schutz, Überzieher, Pariser etc. wie es auch genannt wird, ist das einzige »mechanische« Verhütungsmittel für den Mann. Das Kondom wird vor dem Geschlechtsverkehr über den Penis gezogen und fängt die Samenflüssigkeit, die bei der Ejakulation ausgestoßen wird, auf, so daß es zu keiner Befruchtung kommen kann. Die meisten Kondome bestehen heute aus einer hauchdünnen Gummihülle, die sich der Form des erigierten (versteiften) Penis anpassen.

Anwendung

Das Kondom stellt eine relativ sichere Verhütungsmethode dar. Es muß vor dem Koitus, d. h. nicht erst vor der Ejakulation, über den erigierten Penis gezogen werden. An der Spitze des Penis darf das Kondom nicht zu eng anliegen, sondern es muß Raum für die Aufnahme der Samenflüssigkeit bestehen bleiben, da das Kondom sonst bei der Ejakulation zerreißen könnte.
Die häufigste Ursache für das Versagen ist darin zu suchen, daß das Glied nach der Ejakulation zu lange in der Scheide bleibt. Nach dem Orgasmus nimmt der Umfang des Penis rasch ab und die Samenflüssigkeit kann aus dem Kondom in die Scheide gelangen. Deshalb ist es notwendig, daß du nach dem Samenerguß dein Glied rechtzeitig aus der Scheide zurückziehst und dabei das Kondom am oberen Rand festhältst; so kann es nicht vom Penis rutschen und keine Samenflüssigkeit in die Scheide gelangen. Ein anderer Grund für ein Versagen des Schutzes liegt darin, daß der Penis in die Scheide eingeführt wird und nach einiger Zeit erst das Kondom übergezogen wird. Dann kann es allerdings schon zu spät sein, denn bereits vor der eigentlichen Ejakulation tritt häufig Samen aus dem Penis aus. Die Spermien gelangen dann in die Scheide. Ein weiterer Grund ist das Zerreißen eines Kondoms; das geschieht bei richtiger Anwendung allerdings sehr selten. Heute sind viele Kondome elektronisch getestet und außen mit einem feuchten Film überzogen, was das Eindringen in die Scheide erleichtert und die Echtheit erhöht.

Kondome werden in Drogerien, Apotheken und manchmal auch in Warenhäusern verkauft. Bei Kondomen solltest du nur Markenartikel kaufen, die elektronisch geprüft sind, und obendrein solltest du das Herstellungsdatum beachten. Kondome, die älter als ein Jahr sind, sind nicht mehr zu verwenden. Kondome sind kühl aufzubewahren, da sonst die Gefahr besteht, daß der Gummi austrocknet und rissig ist. Vorgefeuchtete Kondome halten in der Regel etwas länger als trockene.

Wenn du Kondome aus einem Automaten ziehen willst, vergewissere dich vorher, daß der Automat nicht neben einer Heizung steht, denn sonst besteht die Gefahr, daß die Kondome bereits ausgetrocknet sind, bevor du sie kaufst, und damit keinen sicheren Schutz mehr gewährleisten. Am besten kaufst du sie in einer Drogerie oder in einer Apotheke, trotz der Schwierigkeiten, die sich für dich ergeben können, in einem Geschäft nach Verhütungsmitteln zu fragen. Du solltest diesen Weg jedoch vorziehen. Auch für das Kondom gilt, daß das Mädchen und der Junge miteinander über ihren Körper reden und sich gegenseitig helfen können. Denn es ist kein einfacher Moment, wo du ganz viel Lust hast – in dem ihr euch ganz nahe seid – euer Beisammensein zu unterbrechen, um das Kondom überzuziehen. Darüber hinaus kann es manchmal schwierig sein, das Kondom über das steife Glied zu ziehen. Es ist daher wichtig, daß ihr in dieser Situation füreinander Verständnis habt und beide lernt, damit umzugehen. Für den Jungen kann es auch schön sein, wenn das Mädchen beim Überziehen des Kondoms hilft. So läßt sich die Anwendung des Kondoms in das Liebesspiel mit einbeziehen und dies kann ganz selbstverständlich für das Umgehen miteinander werden.

Das Kondom hat eine mittlere Zuverlässigkeit. Der Pearl-Index liegt zwischen 3 und 6. Jedoch kann die Sicherheit entscheidend erhöht werden, wenn das Kondom mit einem chemischen Verhütungsmittel oder mit dem Diaphragma kombiniert wird. Diese beiden Kombinationsmöglichkeiten solltet ihr miteinander besprechen.

Schaum, Creme, Zäpfchen oder Gel

Schaum, Creme, Zäpfchen und Gel sind chemische Verhütungsmittel und werden mit dem Überbegriff Spermizide bezeichnet; sie funktionieren alle ähnlich. Die chemische Substanz, die in ihnen ist, tötet die Samenzellen ab, und damit kann keine Befruchtung mehr stattfinden.

Anwendung

Alle chemischen Verhütungsmittel werden kurz vor dem eigentlichen Geschlechtsverkehr in die Scheide eingeführt. Spermizider Schaum, der in die Scheide gesprüht wird, gibt es in Dosen, denen ein sogenannter Applikator aus Plastik beiliegt. Dieser wird mit Schaum gefüllt und in die Vagina eingeführt. Das sollte nicht länger als eine halbe Stunde vor dem Geschlechtsverkehr geschehen, da sonst die Wirkung zu rasch nachläßt.
Tabletten und Zäpfchen werden ca. sieben bis zehn Minuten vor dem eigentlichen Geschlechtsverkehr in die Scheide eingeführt. Du mußt sie dabei tief in die Scheide einführen, weil sie vor dem Muttermund zum Schmelzen kommen sollen. Nur dort haben sie ihre eigentliche Wirksamkeit. Die Schaumzäpfchen sind als chemische Verhütungsmittel die neueste Entwicklung. Auch sie werden kurz vorher in die Scheide eingeführt. Das Schaumovulum löst sich in der Scheide schnell auf und entwickelt einen zähen und dichten Schaum.

Nebenwirkungen

Chemische Verhütungsmittel kannst du in fast allen Drogerien und Apotheken und sogar auch in manchen Warenhäusern bekommen. Sie sind außerdem ähnlich wie ein Kondom oder das Diaphragma eine Verhütungsmethode, die du nur dann anwenden mußt, wenn du sie wirklich brauchst. Jedoch haben alle chemischen Mittel einige entscheidende Nachteile. Sie haben unter Umständen unangenehme

Nebenwirkungen, wie brennende Schmerzen in der Scheide, und zerstören auf Dauer die natürliche Flora in der Vagina, so daß du anfälliger für Pilzerkrankungen werden kannst. Außerdem haben manche Mittel eine reizende und brennende Wirkung auf den Penis.
In Zeitschriften werden die chemischen Verhütungsmittel oft als sehr sicher angepriesen. Davon solltest du dich allerdings nicht in die Irre führen lassen. Die Sicherheit (Pearl-Index) liegt zwischen 5 und 10. Die Sicherheit nimmt natürlich stark zu, wenn du ein chemisches Verhütungsmittel mit dem Kondom kombinierst.

Die Temperaturmethode

Die Temperaturmethode gehört zu den natürlichen Verhütungsmitteln. Die Methode beachtet die Temperaturveränderung im weiblichen Zyklus. Dabei ist die Änderung der Aufwachtemperatur (Basaltemperatur) von Wichtigkeit, denn die Körpertemperatur am Morgen gibt recht genaue Aufschlüsse darüber, wann der Eisprung stattfindet. Mit Beginn der Monatsblutung ist die Temperatur im Vergleich zur zweiten Zyklushälfte niedrig. Der Wert liegt zwischen 36,5 und 36,8 Grad. Der Eisprung kündigt sich an mit einem leichten Temperaturabfall. Nach dem Eisprung steigt die Temperatur um etwa 0,5 Grad Celsius an. Die Temperatur bleibt dann bis zum Beginn der nächsten Regel bei diesem höheren Wert. Drei bis vier Tage nach dem Temperaturanstieg ist dann eine sichere unfruchtbare Zeit bis zur nächsten Menstruation. Wann genau die unfruchtbare Zeit zwischen Menstruation und Eisprung ist, kann mit dieser Methode nicht exakt festgestellt werden.

Vorgehen

Du mußt die Temperatur jeden Morgen vor dem Aufstehen immer zur gleichen Zeit messen. Am besten bleibst du dabei im Bett liegen, denn schon der Gang zur Toilette könnte die Temperatur entscheidend verändern. Du solltest zu diesem Zeitpunkt mindestens sechs Stunden geschlafen haben. Auch ist es wichtig, immer das gleiche Fieberthermometer zu verwenden. Es kann ein normales oder ein Spezialthermometer sein. Am besten mißt du die Temperatur im After oder in der Scheide. Dort ist sie am genauesten. Wichtig ist nur, daß du sie immer an der gleichen Stelle mißt. Die Temperatur muß fünf Minuten lang gemessen werden. Du trägst alle Ergebnisse in ein Kurvenblatt ein, das du vom Arzt oder in der Apotheke bekommen kannst. Wenn du das einen Zyklus lang gemacht hast, werden die Temperaturmessungen eine Kurve ergeben, anhand dieser du dann den Zeitpunkt des Eisprungs wie oben beschrieben ablesen kannst.

Probleme

Das Problem bei dieser Methode ist allerdings, daß viele äußere Einflüsse, wie z. B. seelische Stimmungen, Krankheiten, ein unregelmäßiger Lebensrhythmus, Alkohol etc., sich auf deinen Körper auswirken. Du mußt also deinen Körper sehr genau kennen, um mit relativer Sicherheit deine fruchtbaren Tage bestimmen zu können. Um die Sicherheit dieser Methode zu erhöhen, ist es notwendig, mindestens ein halbes Jahr lang Zyklusaufzeichnungen zu machen, um festzustellen, in welchem Zeitraum bei dir in der Regel der Eisprung stattfindet. Erst dann erhältst du bei Weiterführung der Kurven eine gewisse Sicherheit. Es ist allerdings notwendig, und das möchte ich noch einmal ausdrücklich betonen, daß du hierbei bereit sein mußt, dich intensiv mit dir auseinanderzusetzen, und wenn möglich, die Methode unter fachlicher Beratung zu erlernen. Die Methode ist besonders für Mädchen geeignet, die es bejahen, ihre körperlichen Abläufe zu beobachten und die dazu stehen, daß sie nicht zu jeder Zeit Geschlechtsverkehr haben können. Deinen Partner kannst du mit in diese Methode integrieren und ihn an dem Entstehen deiner Fruchtbarkeit teilhaben lassen. Allerdings müßt ihr dabei bedenken, daß ihr über einen längeren Zeitraum innerhalb des Zyklus nicht miteinander schlafen könnt. Außerdem ist die Methode bei jungen Mädchen, deren Zyklus sich noch nicht eingespielt hat, so gut wie nicht anwendbar.

Die Schleimstrukturmethode

Diese Methode wird manchmal auch nach ihren Erfindern, dem Ehepaar Billings, benannt. Die Methode macht sich zunutze, daß der Schleim in deiner Scheide und am Muttermund sich während deines Zyklus verändert und du daran die fruchtbaren und unfruchtbaren Tage bei genügender Erfahrung erkennen kannst. Der Schleim in deiner Scheide verändert sich während deines Zyklus ungefähr folgendermaßen: Nach der Monatsblutung ist in der Regel kein Schleim vorhanden. Auch wenn die Scheide feucht ist, hast du eher das Gefühl von Trockenheit. In dieser Zeit bist du dann unfruchtbar. Vor dem Eisprung tritt der erste Schleim auf. Er ist in der Regel weiß und trüb und fühlt sich klebrig, breiig, zähflüssig an. In diesem Schleim haben die Samenzellen die Möglichkeit, lange lebensfähig zu bleiben, und es kann von daher bereits zu einer Befruchtung führen. Beim Eisprung, genauer direkt vor dem Eisprung, verändert sich der Schleim, wird eiweißartig klar, schlüpfrig und läßt sich zwischen zwei Fingern auseinanderziehen. Meist nimmt jetzt auch die Menge des Schleims zu. Jetzt läßt sich mit großer Sicherheit sagen, daß eine Befruchtung möglich ist. Die unfruchtbare Zeit nach dem Eisprung beginnt etwa vier bis sechs Tage nach Auftreten des Eisprungschleims. Auch jetzt ist in der Scheide noch Schleim spürbar, aber nicht so viel und nicht regelmäßig. Diese Phasen können in den einzelnen Zyklen jedoch sehr unterschiedlich sein.

Vorgehen

Um die unterschiedliche Schleimstruktur, wie ich sie gerade beschrieben habe, festzustellen, mußt du jeden Tag mit den Fingern die Beschaffenheit deines Schleims in der Scheide überprüfen. Wenn die Scheide trocken ist, findest du den Schleim nur direkt vor dem Muttermund. Du wirst dann von Tag zu Tag feststellen, daß sich diese Veränderung vollzieht. Am besten prüfst du die Beschaffenheit des Schleims zwischen Daumen und Zeigefinger, indem du den Schleim zwischen beide Finger hältst und dann versuchst, langsam die Finger wieder auseinanderzubewegen. Bildet sich ein Faden, so ist das ein sicheres Zeichen dafür, daß der Eisprung bevorsteht oder der Eisprung bereits stattgefunden hat. Über diese Beobachtungen mußt du regelmäßig Aufzeichnungen führen. Mit der Zeit wird die Sicherheit deiner Beobachtungen wachsen.

Probleme

Die Beobachtung des Schleims wird erschwert bei Scheidenentzündungen, bei Pilzbefall und kurz nach einem Geschlechtsverkehr. Allein ist diese Methode nicht sehr zuverlässig. Sie empfiehlt sich in jedem Fall nur in Kombination mit der Temperaturmethode. Auch diese Methode ist natürlich und erfordert ein bewußtes Umgehen mit dem eigenen Körper.

Die Beobachtung des Muttermundes

Die Beobachtung des Muttermundes gehört ebenfalls zu den Empfängnisverhütungsmethoden. Sie macht sich zunutze, daß sich die Festigkeit des Muttermundes während deines Zyklus entsprechend verändert.

Vorgehen

Um den Muttermund zu überprüfen, mußt du mit einem Finger deinen Muttermund befühlen. Während der Menstruation und während des Eisprungs ist der Muttermund geöffnet und fühlt sich weich an; das Loch in der Mitte ist groß. Ansonsten ist der Muttermund fest geschlossen, also hart, und das Loch in der Mitte ist klein.

Probleme

Diese Methode allein ist sehr unsicher, und sie muß unbedingt kombiniert werden mit einer anderen natürlichen Methode. Auch hierbei ist es notwendig, daß du dich gern an deinen Geschlechtsorganen berührst, denn du mußt mindestens ein- oder zweimal am Tag mit deinem Finger die Beschaffenheit deiner Scheide und die Festigkeit deines Muttermundes überprüfen. Das muß unbedingt jeden Tag geschehen, denn sonst verpaßt du die wichtigsten Veränderungen. Um die Methode auch nur mit einer größtmöglichen Sicherheit anwenden zu könnnen, brauchst du sehr viel Erfahrung und Sorgfalt.

Die Kalender- und Rhythmus-Methode

Auch diese Methode macht sich zunutze, daß du innerhalb deines Zyklus nur an ganz bestimmten Tagen fruchtbar bist.

Vorgehen

Wenn du über ein Jahr lang einen Zykluskalender geführt hast, mußt du vom kürzesten Zyklus 18 Tage abziehen. Ist dein kürzester Zyklus z. B. 26 Tage, heißt die Rechnung: 26 minus 18 = 8. Vom längsten Zyklus mußt du 11 Tage abziehen. Angenommen er war 30 Tage: also 30 minus 11 = 19 Tage. Vom 8. bis zum 19. Tag ist es nach diesem Beispiel dann gefährlich, Geschlechtsverkehr zu haben. An diesen Tagen ist also eine Befruchtung möglich. Nur davor und danach sind unfruchtbare Tage.
Liegt zwischen dem längsten und kürzesten Zyklus eine Zeitspanne von mehr als einer Woche, so ist diese Methode für dich nicht anwendbar. Allein solltest du sie auf keinen Fall anwenden, weil sie sehr unsicher ist. Du solltest sie nur in Verbindung mit anderen Methoden anwenden.

Kombinationsmöglichkeiten

Um die natürlichen Methoden mit großer Sicherheit anzuwenden, ist es notwendig, alle natürlichen Methoden zu kombinieren. Diese Methode nennt man dann *symptothermale Methode*. In den letzten Jahren wurde sie auch unter der Kurzbezeichnung NFP (natürliche Familienplanung) bekannt. Bei der Kombination aller Methoden hat sie eine relativ hohe Zuverlässigkeit. Dann liegt der Pearl-Index dieser Methode zwischen 0 und 5,5. Für alle diese natürlichen Empfängnismethoden gilt, daß es bei ihnen unbedingt notwendig ist, sich intensiv zu informieren und sie am besten unter erfahrener Beratung zu erlernen.

Vorteile

Die natürlichen Methoden haben den Vorteil, daß keine gesundheitlichen Auswirkungen zu befürchten sind. Außerdem ermöglichen sie eine intensive Auseinandersetzung mit deinem Körper, und sie bieten fast alle die Möglichkeit, daß sich dein Partner an der Empfängnisverhütung beteiligen kann. Allerdings sind die natürlichen Empfängnisverhütungsmethoden für viele Mädchen recht schwierig anzuwenden, denn um sie zuverlässig zu gebrauchen, ist es notwendig, daß

- deine Periode einigermaßen regelmäßig und stabil ist
- du sehr sorgfältige Notizen über deinen Zyklus machst
- du dich und deine körperlichen Veränderungen gründlich beobachtest
- du einen regelmäßigen Alltag hast (das heißt sowohl im zeitlichen Ablauf wie auch in der seelischen Belastung)
- du bereit bist, an einer bestimmten Anzahl von Tagen während deines Zyklus keinen Geschlechtsverkehr zu haben.

Abschließend möchte ich dir noch einmal anhand einer Tabelle die Sicherheit der einzelnen Verhütungsmittel zeigen:

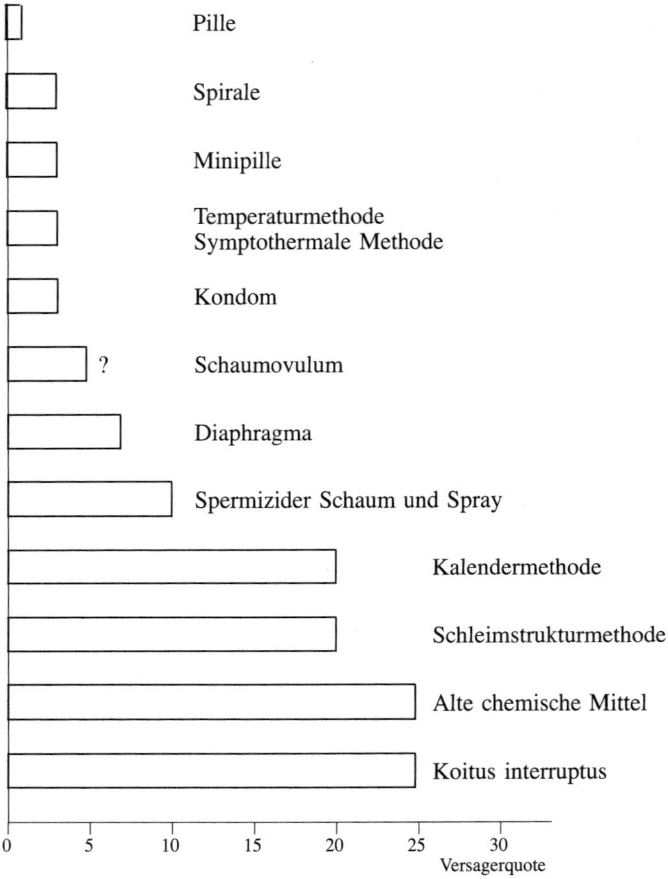

Versagerquote gleich Pearl Index.

In Anlehnung an *B. Döring:* Empfängnisverhütung. München 1983.

Die Entscheidung für das eine und gegen die anderen Verhütungsmittel sollte das Ergebnis einer intensiven Auseinandersetzung sein. Deine bzw. eure Entscheidung könnt nur ihr zusammen treffen. Dabei können euch eventuell folgende Fragen helfen.

- Wieviel Sicherheit vor einer ungewollten Schwangerschaft brauche ich in meiner jetzigen Lebenssituation?
- Mit welcher Möglichkeit oder Methode fühle ich mich am wohlsten? Welche kann ich am ehesten bejahen?
- Wie kann ich meinen Körper so kennenlernen, daß ich über meinen Zyklus alles Wichtige weiß?
- Habe ich einen Frauenarzt, bei dem ich mich wohlfühle?
- Wie offen kann ich in meiner Beziehung über die Verhütungsmethode sprechen und sie ohne Hemmungen anwenden?
- Steht die Art der Verhütungsmethode und die Häufigkeit, mit der ich sie »brauche« (Häufigkeit des Geschlechtsverkehrs) in einem richtigen Verhältnis?

10 Lexikon

AIDS ist die Bezeichnung für eine neuartige Viruskrankheit, die vor allem durch den Geschlechtsverkehr übertragen wird.

Androgene sind männliche Sexualhormone, die vor allem im Hoden gebildet werden.

Antikonzeption ist der Fachbegriff für Empfängnisverhütung.

Bartholindrüsen liegen in den großen Venuslippen und sondern bei sexueller Reizung eine geringe Menge schleimartiger Flüssigkeit ab.

Basaltemperatur meint die Körpertemperatur im Ruhezustand, die für die Temperaturmethode von Bedeutung ist.

Bisexualität ist zum einen die Fähigkeit, sowohl Merkmale, die als männlich wie als weiblich definiert sind, auszubilden; zum anderen ist es die Fähigkeit, mit dem anderen heterosexuelle wie mit dem eigenen Geschlecht homosexuelle Beziehungen zu haben.

Cervix ist der Fachbegriff für den Gebärmutterhals.

Chemische Verhütungsmittel ist der Sammelbegriff für Cremes, Gels, Sprays, Tabletten, Zäpfchen mit Wirkstoffen, die ein samenfeindliches oder samenabtötendes Scheidenmilieu schaffen.

Coming out bezeichnet die Entwicklung, in der es Homosexuellen gelingt, ihr gleichgeschlechtliches Verlangen und Verhalten sich selbst und anderen gegenüber einzugestehen und diese Neigung als etwas Positives und Wertvolles anzuerkennen.

Cowpersche Drüsen liegen an der Wurzel der Schwellkörper des männlichen Gliedes und geben bei sexueller Erregung ein oder zwei Tropfen einer klaren Flüssigkeit ab.

Defloration ist ein anderer Begriff für Entjungferung.

Diaphragma ist die Bezeichnung eines Verhütungsmittels, das in die Scheide eingeführt wird und vor dem Gebärmutterhals liegt.

Ejakulat ist ein anderer Begriff für Samenflüssigkeit.

Ejakulation ist ein anderes Wort für Samenerguß und bezeichnet wörtlich übersetzt das Herausschleudern der Samenflüssigkeit mit den Samenzellen.

Empfängnis ist der Moment der Befruchtung, in dem sich eine weibliche Eizelle mit der Samenzelle vereinigt.

Empfängnisverhütung bezeichnet die unterschiedlichsten Formen und Methoden, um eine Befruchtung der Eizelle und damit die Entstehung menschlichen Lebens zu verhindern.

Erektion ist der Fachbegriff für die Versteifung des männlichen Gliedes.

Erogene Zonen bezeichnet Körperstellen, deren Berührung sexuelle Lust hervorruft: Mund, Brüste, Gesäß, Rückgrat, Geschlechtsteil usw.

Exhibitionismus bezeichnet die sexuelle Befriedigung durch Entblößung der Geschlechtsteile vor Unbekannten.

Frigidität bzw. »Gefühlskälte« ist ein Krankheitsbegriff, der nur auf Frauen zutrifft, denen das Verlangen nach sexuellem Kontakt völlig fehlt und die dementsprechend auch unfähig zu einem Orgasmus sind. Diese Störung wird nur selten durch körperliche Ursachen, fast immer durch seelische Entwicklungen ausgelöst.

Genitalien ist ein anderer Begriff für Geschlechtsorgane.

Geschlechtskrankheiten sind sexuell übertragbare Krankheiten, deren bekannteste Gonorrhöe (Tripper) und Syphilis sind.

Gestagene sind eine Gruppe weiblicher Sexualhormone, die besonders nach dem Eisprung im Zyklus der Frau gebildet werden.

Heterosexualität ist die sexuelle Beziehung zwischen Mann und Frau, im Gegensatz zu Homosexualität.

Homosexualität ist die Sexualität, die auf Menschen des gleichen Geschlechts gerichtet ist. Bei Frauen wird sie vielfach auch lesbische Liebe genannt.

Impotenz ist der Ausdruck für das Unvermögen eines Mannes, Geschlechtsverkehr auszuführen, oder meint die Unfähigkeit zur Zeugung. Die Gründe hierfür können sowohl im medizinisch-körperlichen als auch im psychischen Bereich liegen. Der überwiegende Teil aller Fälle von Impotenz ist mit psychischen Ursachen zu begründen, wie z. B. verschiedene Formen von Ängsten oder eine zu hohe Erwartungshaltung an den Geschlechtsverkehr.

Intra-Uterinpessar bezeichnet eine Methode der Empfängnisverhütung. Im allgemeinen Sprachgebrauch wird für Intra-Uterinpessar das Wort Spirale verwendet.

Inzest bezeichnet den Geschlechtsverkehr zwischen nahen Verwandten. Nach Strafgesetzbuch § 173 wird der Geschlechtsverkehr zwischen Verwandten bestraft.

Ipsation ist ein anderes Wort für Selbstbefriedigung.

Kitzler ist der umgangssprachliche Begriff für Klitoris.

Knaus-Ogino bezeichnet eine Empfängnisverhütungsmethode, die die fruchtbaren und unfruchtbaren Tage im Zyklus der Frau herausfindet und Enthaltsamkeit an den fruchtbaren Tagen voraussetzt.

Koitus ist ein anderes Wort für Geschlechtsverkehr und bezeichnet die Einführung des erigierten Gliedes in die Scheide der Frau und die wechselseitige Erzeugung eines Orgasmus.

Koitus interruptus bezeichnet den unterbrochenen Geschlechtsverkehr, bei dem der Mann kurz vor dem Samenerguß das Glied aus der Scheide der Frau zieht. Er ist als Verhütungsmethode auf keinen Fall zu empfehlen.

Kondom oder Präservativ oder Pariser ist ein Empfängnisverhütungsmittel in Form einer Gummihülle, das über das erigierte Glied gestreift wird, um den Samen aufzufangen.

Lesbische Liebe ist die Bezeichnung für die weibliche Homosexualität.

Masturbation ist ein anderer Begriff für Selbstbefriedigung.

Menstruation ist ein anderer Begriff für Periode oder Regel.

Necking bezeichnet das gegenseitige Umarmen und Küssen, wobei die Sexualorgane des Partners nicht berührt werden.

Obszönität bezeichnet die absichtliche Verletzung des Scham- und Sittlichkeitsempfindens.

Östrogene ist der Oberbegriff der weiblichen Sexualhormone.

Onanie ist eine andere Bezeichnung für Selbstbefriedigung.

Orgasmus ist der Begriff für den Höhepunkt des sexuellen Erlebens.

Ovulation ist der medizinische Fachausdruck für den Eisprung.

Ovulationshemmer ist ein anderer Begriff für die Pille.

Pädophilie bezeichnet die sexuelle Neigung von Erwachsenen zu Kindern. Es gibt kaum eine sexuelle Orientierung, die derzeit umstrittener ist als die deutliche sexuelle Zuneigung zu Minderjährigen.

Pearl-Index ist ein Maßstab, um die Zuverlässigkeit einer Methode der Empfängnisverhütung zu beurteilen. Der Pearl-Index zeigt die Anzahl unerwünschter Schwangerschaften an, die 100 Frauen bei alleiniger und richtiger Anwendung eines empfängnisverhütenden Mittels im Laufe eines Jahres haben. Dabei werden Anwendungsfehler ausgeschlossen. So sagt z. B. ein Pearl-Index von 4, daß es bei den 100 Frauen zu vier unerwünschten Schwangerschaften kam. Wichtig ist jedoch dabei, zu sehen, daß der Pearl-Index Schwangerschaften, die durch Anwendungsfehler der Verhütungsmittel entstehen, nicht mitzählt.

Perversion bezeichnet eine als krankhaft angesehene Form des Sexualverhaltens. Dazu werden im allgemeinen gezählt: Exhibitionismus, Masochismus, Sadismus, Transvestismus.

Petting bezeichnet das gegenseitige körperliche Streicheln, das den Partner bis zum Orgasmus erregen kann. Jedoch wird dabei der Koitus vermieden.

Pollution bezeichnet den Samenerguß im Schlaf, der vor allem in der Pubertät und bei jungen Männern vorkommt.

Präservativ ist ein anderer Ausdruck für Kondom.

Progesteron ist ein männliches Sexualhormon.

Promiskuität ist der Sexualkontakt mit mehreren Partnern.

Sadismus bezeichnet, daß zur sexuellen Erregung und Befriedigung dem Partner Schmerz zugefügt und Schmerzempfindungen des anderen wahrgenommen werden.

Samenerguß ist der umgangssprachliche Begriff für Ejakulation.

Scheide ist der umgangssprachliche Begriff für Vagina.

Scheidendiaphragma ist ein mechanisches Mittel zur Empfängnisverhütung.

Schwul ist der umgangssprachliche Ausdruck für Homosexualität.

Selbstbefriedigung ist die sexuelle Befriedigung, die sich jemand selbst verschafft.

Sodomie bezeichnet eine Perversion, die darin besteht, daß nur beim Geschlechtsverkehr mit Tieren ein Orgasmus erlebt werden kann.

Spermien ist der Fachbegriff für die Samenzellen; Sperma ist der Begriff für Samenflüssigkeit.

Sterilisation bezeichnet die operative Unfruchtbarmachung von Männern und Frauen durch Unterbrechung oder Durchtrennung der Samenleiter bzw. der Eileiter.

Sterilität bezeichnet die Unfruchtbarkeit der Frau bzw. des Mannes.

Syphilis ist eine durch bakterien-ähnliche Krankheitserreger hervorgerufene Geschlechtskrankheit.

Testosteron ist ein männliches Geschlechtshormon.

Transvestismus bezeichnet die stark sexuell-motivierte Neigung, die Kleidung des anderen Geschlechts zu tragen.

Tripper ist eine Geschlechtskrankheit und der umgangssprachliche Ausdruck für Gonorrhöe.

Uterus ist der Fachbegriff für Gebärmutter.

Vagina ist der Fachbegriff für Scheide.

Virginität ist der Fachbegriff für Jungfräulichkeit.

Voyeurismus ist die aktive Schaulust, die in der Kindheit und Jugend stark verbreitet ist, die angetrieben ist von der Neugier, endlich einmal zu sehen, wie andere Menschen nackt aussehen. Voyeurtum kommt aber auch als Perversion vor und bedeutet dann, daß nur durch heimliches Zuschauen ein Orgasmus erreicht wird.

Vulva bezeichnet die äußeren Sexualorgane der Frau.

Zeitwahl bezeichnet eine natürliche Methode der Empfängnisverhütung durch vorübergehende Enthaltsamkeit an den fruchtbaren Tagen.

Zwitter ist ein in der Biologie üblicher Fachbegriff, mit dem Lebewesen bezeichnet werden, die Sexualorgane von beiden Geschlechtern haben und die sich selbst befruchten. Der Ausdruck trifft auf den Menschen nicht zu.

Ein Nachspiel

Vielleicht hast du dir beim Lesen der vorherigen Seiten auch hin und wieder die Frage gestellt, ob das denn noch alles christlich sei. Das, was du bisher von kirchlicher Sexualmoral, ob nun im Religionsunterricht, in der Predigt, in den Medien oder sonstwo erfahren hast, hat sich sicherlich anders angehört. Die Diskrepanz ist augenscheinlich. Ich will mich jetzt nicht damit auseinandersetzen, wie die kirchliche Sexualmoral im einzelnen aussieht und woher es kommt, daß sie so geworden ist wie sie ist, sondern ich möchte in einigen Punkten deutlich machen, warum ich glaube, daß das Buch eine christliche Basis hat. In diesem Buch, in dem es um Liebe und Sexualität geht, um Beziehungen zu sich und zu einem Partner, werden immer wieder Haltungen, Tugenden, Eigenschaften beschrieben, wie z. B. Eigenverantwortlichkeit zum Menschsein, Verantwortung, Ehrlichkeit, Offenheit usw. Es geht darum, zu sich selbst zu stehen, sich selbst zu bemühen, sich zu entwickeln, sich zu verändern, mit anderen zu sprechen, offen und ehrlich zu kommunizieren, Liebe zu zeigen und zu empfangen, Geborgenheit zu geben, Hoffnung zu machen, Vertrauen zu schenken, zärtlich zu sein, Achtung vor dem anderen zu haben, selbstverantwortlich zu handeln usw. Alles sind Verhaltensweisen und Eigenschaften, die ganz tief in der christlichen Tradition verwurzelt sind. Christsein ohne ein solches Verhalten ist nahezu unmöglich. Ein verantwortetes Umgehen mit sich, seiner Sexualität und dem Partner ist die Basis jeder christlichen Sexualmoral. Darüber hinaus spiegeln diese Haltungen, diese Verhaltensweisen zum Teil das wider, was auch Jesus uns übermittelt hat. Bei ihm sucht man vergebens nach besonderen Sexualnormen und -regeln. Was er allgemein zur Gestaltung des menschlichen Zusammenlebens gesagt hat, gilt auch für den erotischen und sexuellen Bereich des Menschen, nicht mehr und auch

nicht weniger, und das ist schon sehr viel. Jesus sagt: »Liebe deinen Nächsten wie dich selbst!« Für ihn ist die Liebe die Mitte seiner Ethik und seiner Moral. Aber was bedeutet nur diese Aussage: »Liebe deinen Nächsten wie dich selbst!« für eine Beziehung und bezüglich der Sexualität. Auf den ersten Blick mag man den Eindruck haben, daß es eine sehr unkonkrete Aussage ist, aber auf die Beziehung und die Sexualität angewandt ist sie eine enorme Herausforderung: zum einen wird deutlich, daß du dich selbst lieben mußt, um überhaupt erst fähig zu sein, andere (den Nächsten) – und das ist ja in diesem Fall die Freundin oder der Freund, der Partner – lieben zu könnnen. Eine liebevolle, positive Einstellung zu sich selbst ist wichtig, um partnerfähig zu sein und von daher auch ein Maßstab, um an sich selbst abschätzen zu können, ob ich partnerfähig bin. Dabei ergänzen sich die beiden Teile »Liebe deinen Nächsten wie dich selbst!« immer wieder neu (in dem Kapitel »Was ist Liebe?« steht dazu einiges mehr).
Darüber hinaus steckt in der Aussage: »Liebe deinen Nächsten wie dich selbst«, wenn man sie in unsere Sprache übersetzt: »Verhalte dich gegenüber dem anderen so, wie du auch gerne behandelt werden willst« oder: »Der andere hat das gleiche Recht wie ich« oder: »Der andere ist genauso viel wert wie ich« oder: »Bitte den anderen nur um das, was du selbst auch zu geben bereit bist.« Alle Übersetzungen sind allerdings nur Ausschnitte von dem, was dieser Ausspruch meint. Auf die Liebesbeziehung bezogen hat das sehr weitreichende Konsequenzen. Es schließt aus, den anderen nur zur Befriedigung der eigenen Bedürfnisse zu mißbrauchen. Es schließt aus, den Partner zu erpressen, um seinen eigenen Willen durchzusetzen. Es schließt aus, von ihm etwas zu verlangen, was er eigentlich nicht will. Es schließt aus, die Werte, Gefühle und Einstellungen des Partners zu übergehen und ihn zu verletzen. Du wirst sicher noch viele andere Konkretisierungen finden, wenn du diese Aussage auf deine Beziehung, auf deine Situation überträgst. Du wirst bemerken, daß die Aussage: »Liebe deinen Nächsten wie dich selbst!« für dich und deine Beziehung zu einer enormen Herausforderung wird, die größer ist als die gängigen üblichen klischeehaften Sexualnormen.

Bei Jesus scheint immer wieder seine Souveränität und seine Freiheit durch. Eine Freiheit, die den Menschen ›Mensch sein‹ lassen will, die ihn zur Entfaltung seiner selbst bringen möchte. Diese Freiheit und Lebensbejahung gehört zur Mitte seiner Botschaft. Der Mensch hat in diesem Sinne ein Recht auf Liebe, Lust und körperliche Entfaltung. Es geht Jesus um das Heil des ganzen Menschen. Er schließt dabei nichts aus. Ihm ist alles Menschliche bekannt. Die Grenze der Freiheit setzt Jesus lediglich in der Bemühung, ihm nachzufolgen und in der Liebe. Wenn er von Freiheit spricht, meint er nicht die vorgegaukelte Freiheit, die uns die Werbung ›verkaufen‹ will, oder die, die in einigen Zeitschriften und Filmen propagiert wird. Seine Freiheit in bezug auf Sexualität und Beziehungen findet ihre Begrenzung in der Liebe. Darum hat sie auch etwas mit der Verantwortung und Achtung vor sich selbst und dem anderen zu tun.
Jesus stellt keine Regeln und Gesetze auf über Ehe und sexuelle Selbstverwirklichung. Wohl aber kritisiert und korrigiert er bestehende Regeln, wo diese unmenschlich geworden sind. In der Mitte seiner Botschaft vom Reich Gottes steht der Mensch, der seinem Schöpfer gemäß lebt und liebt. Ihm geht es nicht um Verbote und Einschränkungen, sondern um Entfaltung, um ganzes Menschsein. Und das ist auch heute noch gültig.
Zum Thema Sexualität finden sich außer an den Stellen, an denen Jesus über Ehescheidung spricht, keine weiteren Aussagen. Allerdings wird aus keiner seiner Aussagen deutlich, daß er eine ablehnende oder eine abwertende Haltung gegenüber der Sexualität hatte, eher im Gegenteil. Jesus wandte sich immer dem ganzen Menschen zu, denn Leib und Seele sind für ihn eine Einheit. Körperlichkeit ist für ihn von großer Bedeutung. Das wird überall da deutlich, wo er andere berührt, streichelt, segnet, umarmt, ölt, salbt, körperlich heilt. Der Maßstab, ob eine Beziehung christlich ist, ist nicht die Erfüllung von Sexualnormen, sondern die Liebe, die zwischen den beiden Partnern gelebt wird. Dabei verstehe ich unter Liebe mehr als nur den anderen anziehend zu finden, obwohl das auch dazugehört. Eine sehr treffende Beschreibung von dem, was Liebe ist, formulierte Paulus vor fast 2000 Jahren: »Die Liebe ist langmütig, die

Liebe ist gütig. Sie ereifert sich nicht, sie prahlt nicht, sie bläht sich nicht auf. Sie handelt nicht ungehörig, sucht nicht ihren Vorteil, läßt sich nicht zum Zorn reizen, trägt das Böse nicht nach. Sie freut sich nicht über das Unrecht, sondern freut sich an der Wahrheit. Sie trägt alles, hofft alles, hält allem stand. Die Liebe hört niemals auf« (1 Korinther 13,4ff.). Dies schrieb Paulus in einem Brief an die Korinther. Ich meine, das ist eine sehr umfassende Beschreibung von dem, was Liebe ist. Wenn dieses Verständnis von Liebe zum Maßstab für das Umgehen mit der Sexualität und zum Maßstab für die Beziehung wird, so hat sie ein christliches Fundament.

Sehnsucht
Ich habe Sehnsucht nach Dir.
Träume von Dir, denke an Dich,
phantasiere von Dir,
spreche über Dich.
Überlege, wie es begann
und wie es sein wird,
wenn wir uns wiedersehen.
Ich habe Sehnsucht nach Dir,
nach dem Klang Deiner Stimme,
dem Geschmack Deines Kusses,
dem Geruch Deines Körpers,
der Wärme Deiner Haut,
der Zärtlichkeit Deiner Hände.
Ich habe Sehnsucht.

Bildnachweis

Seite 31, 33, 37, 41, 42: aus: Lehrmittel zur Sexualerziehung (Lehrtafeln Sexualerziehung), hrsg. vom Deutschen Familienverband e. V., Bonn. Hans Richarz Verlag, Sankt Augustin 2/1978, Karte 3, 4

Seite 52, 53, 55, 56, 58, 59, 61, 63, 84: aus: Erwin J. Haeberle, Die Sexualität des Menschen. Handbuch u. Atlas. Verlag Walter de Gruyter, Berlin/New York 2/1986, S. 41, 42, 65, 66, 67, 68, 237